Doreen Oelmann

Stationentraining:

Das Judentum

Grundlagen und Alltagspraxis
des jüdischen Glaubens

AV Auer Verlag GmbH

Gedruckt auf umweltbewusst gefertigtem, chlorfrei gebleichtem
und alterungsbeständigem Papier.

1. Auflage 2008
Nach den seit 2006 amtlich gültigen Regelungen der Rechtschreibung

Illustrationen: Björn Okesson
Satz: Fotosatz H. Buck, Kumhausen
Druck und Bindung: R.N. Aubele GmbH, Bobingen
ISBN 978-3-403-0**4928**-9

www.auer-verlag.de

Inhaltsverzeichnis

I. Allgemeine Hinweise zum Einsatz der Stationenarbeit Judentum

1. Thema

Mithilfe von Lernen an Stationen kann das Thema „Judentum" auf verschiedenen Wegen erarbeitet werden. Dabei werden die unterschiedlichen Sinne der Schüler angesprochen und Eigentätigkeit, entdeckendes Lernen und Kreativität gefördert. Bei der Behandlung des Glaubens und Lebens der Juden soll vor allem die Gegenwart berücksichtigt werden. Es geht darum, die **jüdische Religion als lebendigen und gegenwärtigen Glauben** kennenzulernen, diese **mit der eigenen Religion zu vergleichen** und dadurch ein neues Verständnis der eigenen Glaubenstraditionen zu ermöglichen.
Der Antisemitismus und der Holocaust wurden im Stationentraining absichtlich nicht thematisiert, da es sich um Themen handelt, die die gegenseitige Verständigung in einem Gespräch oder im Klassenverband benötigen. Diese Problematik könnte im Anschluss an das Stationenlernen thematisiert werden.

2. Anordnung im Unterrichtsprozess

Der Einsatz sollte in der Erarbeitungs- bzw. Vertiefungsphase erfolgen. Dabei findet eine Differenzierung von **grundlegendem Wissen in den Pflichtstationen** und **speziellem Wissen in den Wahlstationen** statt.
Die Durchführung sollte in **vier Phasen** stattfinden:

a) Anfangsgespräch bzw. Einführung des Themas

Durch eine Einstimmung in das Thema werden bestimmte **Grundlagen** geschaffen. Möglich wären z. B.:

- Durch **Brainstorming** können Vorwissen bzw. bestehende Fragen zum Judentum festgehalten werden. Anschließend bietet sich eine Einführung in das Thema im Klassenverband an.
- Der **Einsatz eines Videos** über das Judentum kann einen ersten Eindruck geben. Später können die gesammelten Eindrücke mit den Themen der einzelnen Stationen verbunden werden. Auch durch das Video entstehende Fragen können motivierend bei der Auswahl der Stationen sein.
- Wenn es sich um eine Klasse handelt, die noch keine Erfahrung mit Stationenlernen hat, bietet es sich an, zunächst **eine Station im Klassenverband zu erarbeiten**.
- Grundsätzlich sollten die Schüler auch mit den verwendeten Symbolen vertraut gemacht werden. Hierzu können Sie die Kopiervorlage M 5 („Das 1 x 1 der Stationenarbeit") nutzen.

b) Rundgang

Durch einen Rundgang entlang der Stationen erhalten die Schüler einen **Überblick über die verschiedenen Themen**. Dabei werden lediglich die Teilthemen (wie z. B. „Synagoge", „Sabbat" etc.) genannt und eventuelle Besonderheiten geklärt. Dazu bekommen die Schüler ihren Laufzettel ausgehändigt, auf dem die Wahl- und Pflichtaufgaben vermerkt sind. Bei der Einführung des Stationentrainings bietet es sich außerdem an, **den einzelnen Schülern bzw. Gruppen eine Anfangsstation zuzuweisen**.

c) Arbeit an den Stationen

Diese Phase ist durch die selbstständige Arbeit an den Stationen gekennzeichnet, die weitestgehend lehrerunabhängig abläuft. Die Schüler legen für sich die **Reihenfolge der Bearbeitung und die Verweildauer an den einzelnen Stationen** fest.

Der Austausch der Schüler untereinander darf ebenso wie der Austausch zwischen Schülern und Lehrer nicht fehlen. Durch Gesprächskreise findet eine Verständigung über positive Erfahrungen, Schwierigkeiten bei der Arbeit und anderes statt. Sie bilden einen guten Rahmen für soziales Lernen, da hier die Schüler berichten, zuhören und das Miteinander lernen. Zudem bieten die Aussagen der Schüler Anhaltspunkte über Arbeitsmethoden, Stoffinhalte, Informationsquellen sowie Leistungsbewertung. Den Zeitpunkt für solche Gespräche sollte die Lehrperson für sich entscheiden.

d) Schlussgespräch

Hier werden sowohl die **Arbeitsprozesse reflektiert** als auch die **Lernergebnisse präsentiert**, sodass bei allen Schülern ein Basiswissen gesichert wird. Dabei kommen thematische Aspekte zur Sprache, Ergebnisse werden vorgelesen, es wird über Unklarheiten gesprochen oder auch Kritik geübt.

3. Sozialform und Gruppenstärke

Die Stationenarbeit soll den Schülern grundsätzlich die Wahl **zwischen Einzel-, Partner- und Gruppenarbeit** (maximal drei Schüler) ermöglichen. Falls ein Partner oder mehrere Partner aufgrund der Materialbearbeitung (z. B. bei den Spielen) notwendig sind, wird in den Arbeitsaufträgen extra darauf hingewiesen.

4. Anzahl der Stationen

Insgesamt umfasst die vorliegende Stationenarbeit **15 Stationen**, davon **sechs Pflichtstationen**, **sechs Wahlpflichtstationen** und **eine Übungsstation**. **Eine Zusatzstation** und **eine Kontroll-/Servicestation**, die der Lehrer zusätzlich zusammenstellt, ergänzen das Angebot. Die Anzahl der zu bearbeitenden Stationen kann individuell angepasst werden, im Folgenden finden sich Vorschläge:

- **Pflichtstationen** beinhalten **grundlegendes Wissen**. Alle Pflichtstationen sollen von allen Schülern bearbeitet werden. Innerhalb der Stationen gibt es für die Schüler Wahlmöglichkeiten zwischen unterschiedlichen Aufgaben.
- Der Begriff „**Wahlpflichtstation**" ist bewusst gewählt, um den Schülern deutlich zu machen, dass sie sich **drei dieser Stationen zur Bearbeitung** heraussuchen dürfen.
- An der **Übungsstation festigen** die Schüler durch Spiele und Rätsel ihr **erworbenes Wissen** aus den Pflichtstationen bzw. verknüpfen die Inhalte der Stationen miteinander. Diese Station ist **nicht verpflichtend**.
- Um auch den **leistungsstarken Schülern genug Anregungen** zu bieten, ist eine **Zusatzstation** vorgesehen, an der die Schüler zu vorgeschlagenen Themen oder eigenen Fragen über das Judentum **selbstständig recherchieren** können. Dabei können sie die Art der Bearbeitung (z. B. schriftlich oder mündliche Präsentation) selbst bestimmen. Es kann möglich sein, dass sie bei der Bearbeitung zusätzliche Unterstützung benötigen. Für die Recherche können Bücher, Internet, Lexika usw. benutzt werden.
- Des Weiteren empfiehlt es sich, eine **Kontroll-/Servicestation** anzubieten. Hier können die **Lösungsblätter** aus dem Lösungsteil dieses Buches oder **zusätzliches Material**, das der Lehrer bereitstellt, zur Bearbeitung der Aufgaben angeboten werden.

5. Formulierung und Gestaltung der Arbeitsaufträge

Die Aufgaben sind so formuliert, dass die Schüler sie ohne Hilfe des Lehrers bearbeiten können. Zur Unterstützung wurden bei den Aufgaben **Piktogramme** benutzt, um die Vorgehensweise (z. B. mit Bildern arbeiten, sich etwas anhören etc.) zu verdeutlichen. Die Erläuterung sollte den Schülern zur Verfügung gestellt werden, indem sie z. B. im Klassenzimmer ausgehängt werden

(M 5 als A3-Kopie). Dadurch wissen die Schüler bereits auf den ersten Blick, was sie bei der jeweiligen Aufgabe erwartet.

6. Präsentation und Aufbereitung des Materials

Aus praktischen Gründen empfiehlt es sich, das gesamte Material durch **Klarsichthüllen** zu schützen bzw. zu **laminieren.** Für die Kontroll-/Servicestation bietet es sich an, die **Lösungen nach Stationen sortiert in einen Briefumschlag** zu stecken und die Außenseite mit der jeweiligen Station und der Aufgabennummer zu versehen. Zur besseren Orientierung können auch die **Aufgabenkarten** der unterschiedlichen Stationen auf **verschiedenfarbiges Papier** kopiert werden, also beispielsweise Pflichtstationen auf rotes Papier, Wahlpflichtstationen auf grünes usw. Bei der Präsentation der Stationenarbeit ist es wichtig, eine sinnvolle und **übersichtliche Anordnung der einzelnen Lernstationen** vorzunehmen und den Schülern genügend Platz für ihre Arbeit zu bieten. In diesem Zusammenhang sollte es den Schülern erlaubt sein, sich entsprechende Voraussetzungen (z. B. durch individuelles Umstellen von Tischen) situationsgerecht jederzeit selbst zu schaffen. Zum einen gibt es die Möglichkeit, die Stationen alle als **Materialpool** zur Verfügung zu stellen, von dem sich die Schüler die entsprechenden Materialien holen können, zum anderen kann man auch **pro Station einen Tisch** vorbereiten, an dem die Schüler auch arbeiten können.
Sind zusätzliche Arbeitsplätze in der Klasse vorhanden (z. B. ein Gruppenraum oder eine Leseecke) bietet es sich an, den Schülern deren Nutzung zu erlauben, auch um Rückzugsräume für eine konzentrierte Beschäftigung mit der Materie zu schaffen.
Folgendes kann weiterhin als Ablageort für das Material der Stationen dienen: Stapelkörbe, Pinnwände, Fensterbänke, Wandflächen, Tafeln, Schranktüren, ungenutzte Stühle ...

7. Laufzettel

Der Laufzettel dient den Schülern und dem Lehrer als Übersicht. Der Plan informiert die Schüler darüber, **welche Stationen verpflichtend sind**, wo sie die **Wahlmöglichkeit** haben und **welche zusätzlichen Themen** angeboten werden. Sie können markieren, **welche Stationen** sie bereits bearbeitet und **mit wem** sie gearbeitet haben, wodurch sie einen **Überblick über ihren Lernfortschritt** erhalten. Ebenso wird für den Lehrer ersichtlich, ob und wann es sinnvoll ist, leistungsstarken Schülern weitere oder differenziertere Arbeitsaufträge zu geben bzw. sie bei besonderem Interesse an einer Sache weiterforschen zu lassen. Der Laufzettel ist außerdem so konzipiert, dass eine **Selbstreflexion** möglich wird („Warum habe ich mich für eine bestimmte Station entschieden?", „Was habe ich gelernt?", „Wie schätze ich meine Leistung ein?").

8. Bearbeitungszeitraum

Die Bearbeitung der Stationen variiert **zwischen 20 und 60 Minuten.** Es sollten mindestens neun Schulstunden eingeplant werden, da insgesamt neun Stationen (sechs Pflichtstationen und drei Wahlpflichtstationen) verpflichtend sind. Dazu müssen eine Einführungs- und eine Abschlussstunde gerechnet werden, sodass sich der Bearbeitungszeitraum auf **mindestens elf Unterrichtsstunden** beläuft.

9. Arbeits-/Verhaltensregeln und Arbeitsplan

Das Einhalten von Regeln ist für den Erfolg der Stationenarbeit von großer Bedeutung. Neben den **vorgegebenen Regeln** (M 3) sollten auch die **Vorschläge der Schüler** einbezogen werden. Die gültigen Arbeitsregeln sollten für alle **sichtbar im Raum aufgehängt** sein und auch Konsequenzen bei Regelbruch beinhalten. Weitere Regeln können sich auch parallel zur Arbeit ergeben und dem Plan hinzugefügt werden.
Für Schüler, die zum ersten Mal mit Lernen an Stationen in Kontakt kommen oder lernschwache Schüler, die eine stärkere Strukturierung zum Lernen benötigen, empfiehlt es sich, außerdem

den **Arbeitsplan** (M 4) zur Verfügung zu stellen. Dieser gibt den Schülern Hinweise zur Organisation ihrer Arbeit und der dafür zur Verfügung stehenden Zeit, zum Umgang mit dem Material etc.

10. Möglichkeiten der Leistungsbewertung

Eine Leistungsmessung, die sich am Klassendurchschnitt orientiert, ist aufgrund der Wahlmöglichkeiten, unterschiedlichen Lernziele, Lerntypen und Bearbeitungszeiten nicht möglich. Folgende Möglichkeiten bieten sich jedoch an:

a) Beobachtung des Arbeitsverhaltens

Verständlicherweise ist es nicht durchführbar, während einer Arbeitsphase die Schüler ständig zu kontrollieren. Dennoch ermöglicht beispielsweise der **Laufzettel eine Ergebniskontrolle** (M 6). Auch das Bewusstmachen und Hinführen der Schüler zu Möglichkeiten der eigenständigen Beurteilung ist ein wichtiges Mittel für die Einschätzung von geleisteter Arbeit. Dazu kann der **Selbstbewertungsbogen** (M 2) eingesetzt werden. Zum einen erfahren die Schüler dadurch eine Bestätigung zu ihrem Lernweg und somit einen positiven Impuls und zum anderen werden sie aufgrund von entstandenen Schwierigkeiten bei der Bearbeitung der Aufgabe angeregt, nach möglichen Alternativen zu suchen.
Weiterhin empfiehlt sich ein **Gesprächskreis**, in dem die Schüler ihre bisherige Arbeit reflektieren und der somit **als Informationsquelle zur Leistungsbewertung** dient.
Der Lehrer ist bei der Kontrolle und Bewertung Beobachter und erhält dabei Informationen über das Arbeitsverhalten der Schüler. Zur Unterstützung der Beobachtungsphase wurde ein **Beobachtungsbogen zum Lern- und Arbeitsverhalten** (M 1) beigefügt, auf dessen Grundlage mündliche Noten vergeben werden können. Außerdem können zur Bewertung der Lernprozesse Kriterien wie z. B. **gute Einfälle, besondere zeichnerische Darstellungen, ausdauernde Bearbeitung** oder **positives soziales Verhalten** einbezogen werden.
Mit der Beobachtung und Bewertung von Lernprozessen ist auch eine **Rückmeldung des Lehrers an die Schüler** verknüpft. Es bietet sich an, bestimmte Eindrücke sofort an die Schüler weiterzugeben, wodurch positive Bestätigungen stattfinden oder der Schüler ermutigt wird, andere Strategien bei Problemlösungen zu entwickeln. Für eine persönliche Rückmeldung können auch kleine Botschaften in die Themenmappen (vgl. Punkt d) gelegt werden, damit die Schüler bei der Weiterarbeit in der nächsten Stunde eine Bestätigung oder Anregung erhalten.

b) Klassenarbeiten und Leistungskontrollen

Die Erstellung solcher Tests sollte der Intention der Stationenarbeit entsprechen, d. h. auch hier sollten **die unterschiedlichen Leistungsstärken und individuellen Lernzugänge bedacht** werden. Neben konkreten Fragestellungen, die sich auf den Inhalt der Pflichtstationen beziehen, bieten sich aufgrund der Schwerpunktsetzung in den Wahlbereichen vor allem **offene Aufgabenstellungen** oder eine direkte Anlehnung an die Fragestellungen der einzelnen Stationen an, wobei auch hier **Wahlmöglichkeiten** gegeben werden müssen. Bestimmte Fähigkeiten (wie Teamfähigkeit oder Sozialverhalten) lassen sich durch Klassenarbeiten nicht bewerten.

c) Anfertigen einer Ausstellung

Bei der Anfertigung von Ausstellungen ergeben sich die Probleme, die durch Klassenarbeiten entstehen, nicht. So muss hier die Gruppe funktionieren, wobei vor allem **soziales Lernen** im Vordergrund steht. Zu bedenken ist allerdings, dass individuelle Fähigkeiten am Endprodukt meist nicht ersichtlich sind. Deshalb ist auch der **Entstehungsprozess** der Ausstellung ein wichtiger Anhaltspunkt für die Bewertung.

d) Themenmappen

Durch die Erstellung von Themenmappen dokumentieren die Schüler ihre Arbeit an den einzelnen Stationen. An jeder Station stehen Arbeitsblätter zur Verfügung, die in die Mappen eingeheftet werden. Außerdem können die Schüler selbst kreativ tätig werden, indem sie ihre Mappe entsprechend gestalten oder Zusatzinformationen sammeln. Bestimmte Stärken, aber auch eventuelle Schwächen des Schülers, sind durch Inhalt und Gestaltung der Mappe zu erkennen.

e) Präsentation der Lernergebnisse innerhalb des Schlussgesprächs

Dies bedarf einiger Vorbereitungen. Es ist empfehlenswert, interessierten Schülern nach etwa zwei Dritteln der geplanten Zeit vorzuschlagen, sich **eine Station auszusuchen**, die sie im Schlussgespräch präsentieren wollen, sodass sie während der Arbeitszeit die Möglichkeit haben, die entsprechende Station noch einmal zu wiederholen oder zu vertiefen. Bei der Präsentation sollten sie außerdem die **Materialien der jeweiligen Station nutzen** können. Der Nebeneffekt dieser Präsentation liegt darin, dass durch die **Wiederholung im Klassenverband** ein gemeinsames Wissen gesichert wird, das in mögliche Klassenarbeiten einbezogen werden kann. Auch die Bearbeitung bzw. Präsentation der Zusatzstation kann bewertet werden.

II. Hinweise zu den einzelnen Stationen und Aufgaben mit Materialienübersicht

Die folgende Übersicht liefert einen Überblick über die Pflichtstationen 1–6, die Wahlpflichtstationen 1–6 sowie die Übungs-, Zusatz- und die Service-/Kontrollstation. Zu jeder Station finden Sie die Lernziele aufgelistet. Darüber hinaus ist ersichtlich, welche Materialien aus dem Buch bei welcher Teilaufgabe verwendet werden sowie welche Vorbereitung und zusätzlichen Materialien erforderlich sind.

Pflichtstation 1: Synagoge

M 9–M 10, Seite 28–31

Lernziele
- Begriff „Synagoge" (Gebäude und die Gemeinde selbst) verstehen
- Einrichtungsgegenstände einer Synagoge und deren Bedeutung kennenlernen
- Synagoge und Kirche miteinander vergleichen

	Material aus dem Buch		Vorbereitung, sonstiges Material
Aufgabe 1a	M 9a, b M 9c	Fotos von Synagogen, Infotext „Synagoge"	
Aufgabe 1b			Film „David und die Synagoge"[1], Videorekorder
Aufgabe 2	M 10	Arbeitsblatt „Synagoge und Kirche im Vergleich"	

Pflichtstation 2: Sabbat

M 11–M 14, M 7, Seite 32–36 und 20

Lernziele
- Ablauf und Bedeutung des Sabbats kennenlernen
- Gemeinsamkeiten und Unterschiede von Sabbat und Sonntag erkennen
- sich Stellenwert religiöser Riten im eigenen Familienleben bewusst machen

	Material aus dem Buch		Vorbereitung, sonstiges Material
Aufgabe 1a	M 11a M 11b M 14	Spielplan „Wer löscht die Sabbatkerzen?" Spielanleitung Arbeitsblatt „Der jüdische Sabbat"	Spielfiguren und Würfel
Aufgabe 1b	M 12a M 12b	Arbeitsblatt „Sonntag und Sabbat im Vergleich" Infotext „Der Sonntag und seine Bedeutung für das Christentum"	
Aufgabe 2a	M 13 M 14	„Brief einer jüdischen Schülerin", Arbeitsblatt „Der jüdische Sabbat"	
	M 7	Methodenblatt „Erstellung einer Mindmap"	
Aufgabe 2b	M 12b	Infotext „Der Sonntag und seine Bedeutung für das Christentum"	

[1] Video, 1996, 18 Min., zu beziehen über FWU, Institut für Film und Bild in Wissenschaft und Unterricht. Prinzipiell eignet sich jeder Film, in dem die Funktion und die Einrichtung einer Synagoge gezeigt werden. Hier wurde der Film „David und die Synagoge" gewählt, da die Schüler von einem Gleichaltrigen durch eine Synagoge geführt werden.
Inhalt des Films: Davids Alltag unterscheidet sich kaum von dem seiner Klassenkameraden. Als seine Freunde Max und Felix entdecken, dass er Jude ist, führt er sie in die Synagoge und erklärt ihnen deren Bedeutung und Einrichtung sowie den Ablauf des Gottesdienstes. Eingebunden ist ebenfalls eine jüdische Religionsstunde, in der die Jungen Regeln der Speiseordnung und ihre Bedeutung im Alltag erfahren. Auch eine Bar Mizwa wird beschrieben. Diese Szenen sollten nach Möglichkeit ausgeblendet werden, um die Laufzeit des Films zu verkürzen.

Pflichtstation 3: Jüdische Jahresfeste

M 15–M 19, Seite 37–49

Lernziele
- einen Überblick über den jüdischen Festkreis sowie Inhalte und Bräuche der Feste bekommen
- Zusammenhänge zwischen jüdischen und christlichen Festen erkennen und begründen

	Material aus dem Buch		Vorbereitung, sonstiges Material
Aufgabe 1	M 15a–g M 16a, b	Infotexte zu den jüdischen Festen Purim, Pessach, Chanukka, Sukkot, Schawuot, Rosch Ha-Schana, Jom Kippur, Simchat Thora Bastelanleitung „Der jüdische Festkreis"	Pappe zum Aufkleben der Festkreise sowie Musterbeutelklammern (pro Schüler eine)
Aufgabe 2	M 17a, b	Spielanleitung und Bastelvorlage Chanukka-Dreidel	Bastelbogen M 17b ausschneiden und in Form eines Würfels zusammenkleben. Durch die angedeuteten Löcher einen Holzspieß stecken. Dieser muss aus beiden Seiten herausschauen. Eine Chanukka-Kiste mit dem selbst gebastelten Dreidel, Chips und einem Teller bereitstellen.
Aufgabe 3	M 18a M 18b	Infoblatt „Pessach – Der Sederabend" Bedeutungskärtchen	Folgende Speisen vorbereiten: gekochtes Ei, Meerrettich (auch Lauch möglich), Salzwasser, Petersilie (auch Sellerie), Mus aus Früchten (Mandeln, Äpfel, Rosinen, Zimt, Zucker, roter Traubensaft). Das Mus kann auch von den Schülern selbst hergestellt werden. Außerdem müssen die Bedeutungskärtchen (M 18b) laminiert und ausgeschnitten werden.
Aufgabe 4	M 19a M 19b	Lesetext „Estergeschichte" Infoblatt „Das Haman-Klopfen"	Estererzählung den Schülern in Form einer Rolle zur Verfügung stellen. Dazu Seiten aneinanderkleben und den Anfang oder das Ende an einen Holzstab kleben. Dann kann das Paper aufgerollt werden. Eventuell noch mit Kordeln versehen.
Aufgabe 5	M 19c	Arbeitsblatt „Jüdische und christliche Feste im Vergleich"	

Pflichtstation 4: Jüdische Speisegebote

M 20–M 21, Seite 50–52

Lernziele
- Speisegebote als wichtigen Bestandteil des jüdischen Glaubens kennenlernen
- Speisegebote nennen und an Beispielen anwenden
- Zusatz: Speisegebote im Christentum recherchieren

	Material aus dem Buch		Vorbereitung, sonstiges Material
Aufgabe 1	M 20a M 20b	Lesetext „Eine jüdische Religionsstunde" Arbeitsblatt „Jüdische Speisegebote"	Rekorder, Hörbuch „Am Dienstag sah der Rabbi rot", Der Audio Verlag 2004. Alternativ Text von M 20a selbst auf Kassette sprechen oder als Lesetext zur Verfügung stellen.
Aufgabe 2	M 21	Arbeitsblatt „Ein koscherer Menüplan"	Bibel, Kochbuch (prinzipiell jedes Kochbuch, jedoch nicht zu umfangreich, damit die Schüler den Überblick nicht verlieren und schnell entscheiden können, ob die Rezepte koscher sind oder nicht)

Pflichtstation 5: Thora

M 22–M 26, Seite 53–60

Lernziele
- Bedeutung der Thora für das Judentum erfassen
- wichtigste Inhalte der Thora erfassen

	Material aus dem Buch		Vorbereitung, sonstiges Material
Aufgabe 1	M 22 M 23	Infoblatt „TeNaCH – Die Bücher der Hebräischen Bibel" und „Das Alte Testament" Arbeitsblatt „Hebräische Bibel und Altes Testament im Vergleich"	

Aufgabe 2a	**M 24a** Infotext „Die Thora"	
Aufgabe 2b	**M 24a** Infotext „Die Thora" **M 24b** Rätsel „Die Bedeutung der Thora für die Juden"	
Aufgabe 3a	**M 25a** Spielanleitung „Wer wird Thorameister?" **M 25b** Spielkarten „Wer wird Thorameister?"	Puzzle laminieren und die einzelnen Zeilen auseinanderschneiden. Es bietet sich an, die Einzelteile in einer Klarsichthülle oder einem Briefumschlag aufzubewahren.
Aufgabe 3b	**M 26** Arbeitsblatt „Aufbau der Thora"	Namen der Bücher kopieren, laminieren, ausschneiden

Pflichtstation 6: Jüdische Lebensfeste

M 27–M 29, Seite 61–68

Lernziele
- jüdische Fest- und Trauertage und deren Bedeutung kennenlernen
- jüdische und christliche Lebensstationen miteinander vergleichen

	Material aus dem Buch	Vorbereitung, sonstiges Material
Aufgabe 1	**M 27a** Spielanleitung „Jüdische und christliche Lebensfeste" **M 27b** Quartettkarten „Jüdische und christliche Lebensfeste" **M 28a** Ausschneidebogen **M 28b** Arbeitsblatt „Lebensfeste im Judentum"	Karten laminieren und ausschneiden
Aufgabe 2	**M 29a-c** Infoblätter zu den Lebensfesten Beschneidung, Bar Mizwa, Hochzeit	Texte in Klarsichthüllen stecken oder laminieren. So können die Schüler mit Fasermalern die wichtigsten Inhalte unterstreichen. Somit reicht eine einzige Vorlage und es können mehrere Schüler damit arbeiten.

Wahlpflichtstation 1: Gebet

M 30–M 32, Seite 69–71

Lernziele
- Gegenstände Tefillin, Tallit, Kippa und deren Bedeutung für das jüdische Gebet erklären
- durch Vergleich jüdischer und christlicher Gebete gemeinsame Glaubensinhalte feststellen

	Material aus dem Buch	Vorbereitung, sonstiges Material
Aufgabe 1a		„Geheime Kiste" zusammenstellen: Darin befinden sich eine Kippa, die Tefillin, eine Mesusa und ein Tallit. Diese sind Bestandteil des Medien koffers Judentum[2]. Ist dieser nicht verfügbar, können auch Fotos als Impuls dienen. Jedoch können hier die Schüler die enthaltenen Bibelverse des Schma' Israel nicht selbst entdecken. An der Servicestation müssen außerdem entsprechende Lexika etc. vorhanden sein, in denen die Gebetsutensilien abgebildet sind.
Aufgabe 1b	**M 30** Puzzle zum jüdischen Gebet **M 31** Arbeitsblatt „Leistungskontrolle eines Schülers zum jüdischen Gebet"	Puzzle laminieren, an vorgegebenen Linien entlang ausschneiden
Aufgabe 1c	**M 30** Puzzle zum jüdischen Gebet	Puzzle laminieren, an vorgegebenen Linien entlang ausschneiden
Aufgabe 2a	**M 32** Textblatt „Vaterunser, Kaddisch und Schmone Esre"	Textblatt mit Vaterunser und Kaddisch in eine Klarsichtfolie stecken oder laminieren, damit die Schüler die entsprechenden Textstellen mit Filzstift markieren können. Diese können nach Bearbeitung der Aufgabe wieder abgewischt werden.
Aufgabe 2b	–	–

[2] Der Medienkoffer ist bei vielen Landesmedienzentren und -bildstellen, teilweise auch in Pfarrämtern etc. erhältlich.

Wahlpflichtstation 2: Talmud

M 33–M 35, Seite 72–75

Lernziele
- Zusammenhang zwischen der Hebräischen Bibel und dem Talmud erkennen und die verschiedenen literarischen Gattungen im Talmud kennen
- Aufbau einer Talmudseite erklären
- beispielhaft die Lösung von Alltagsproblemen mithilfe des Talmuds begründen

	Material aus dem Buch		Vorbereitung, sonstiges Material
Aufgabe 1	**M 33**	Infoblatt „Der Talmud"	
Aufgabe 2a	**M 34a** **M 34b**	Arbeitsblatt „Mögliche Bibelstellen" Arbeitsblatt „Eine Talmudseite selbst gestalten"	Bibel
Aufgabe 2b	**M 35a** **M 35b**	Infoblatt „Weisheiten aus dem Talmud" Arbeitsblatt „Was würde ein Rabbi sagen?"	

Wahlpflichtstation 3: Ausbreitung des Judentums

M 36, Seite 76

Lernziele
- Verbreitung der jüdischen Religion in Relation zu den anderen Weltreligionen setzen
- Überblick über jüdische Zentren in der Welt bekommen

	Material aus dem Buch		Vorbereitung, sonstiges Material
Aufgabe 1	**M 36**	Arbeitsblatt „Die Weltreligionen in Zahlen"	
Aufgabe 2	**M 36**	Arbeitsblatt „Die Weltreligionen in Zahlen"	

Wahlpflichtstation 4: Hebräische Sprache

M 37–M 39, Seite 77–79

Lernziel
- Merkmale der hebräischen Sprache kennenlernen und handlungsorientiert damit umgehen

	Material aus dem Buch		Vorbereitung, sonstiges Material
Aufgabe 1	**M 37a** **M 37b**	Buchstabenkarten hebräisches Alphabet Infoblatt „Die hebräische Sprache"	Buchstaben laminieren und ausschneiden
Aufgabe 2	**M 38**	Arbeitsblatt „Rätsel zur hebräischen Sprache"	
Aufgabe 3	**M 39**	Arbeitsblatt „Hebräisch für Anfänger"	Auf eine Kassette die hebräischen Wörter, die im Lösungsteil zu finden sind, sprechen. Nach jedem Wort eine Pause lassen, damit die Schüler Zeit zum Nachsprechen haben. Rekorder bereitstellen.

Wahlpflichtstation 5: Jerusalem

M 40–M 42, M 7, Seite 80–83 und 20

Lernziele
- Jerusalem und seine Sehenswürdigkeiten kennenlernen
- Jerusalem als religiöses Zentrum des Judentums, Christentums und Islams wahrnehmen

	Material aus dem Buch	Vorbereitung, sonstiges Material
Aufgabe 1a		PC mit Microsoft Encarta Enzyklopädie. Der Artikel „Jerusalem" bietet eine virtuelle Reise durch die Stadt an. Mithilfe der Computermaus können sich die Schüler durch die Stadt bewegen und erhalten Informationen über die wichtigsten Sehenswürdigkeiten in Textform. Bei einigen Stationen werden auch typische Geräusche eingespielt, wie z. B. die Gebete der Menschen an der Klagemauer. Anhand der verschiedenen Sehenswürdigkeiten und deren religiöser Funktionen erhalten die Schüler einen Eindruck, warum Jerusalem für das Christentum, das Judentum und den Islam eine wichtige Rolle spielt.

Aufgabe 1b	**M 40** Memorykarten zu Sehenswürdigkeiten in Jerusalem	Memory möglichst auf Zeichenkarton (Papier ist zu durchsichtig) kopieren/kleben, laminieren und ausschneiden
Aufgabe 2	**M 41** Arbeitsblatt „Jerusalem, die Heilige Stadt"	
Aufgabe 3	**M 42** Infoblatt „Israel bedeutet für mich …" **M 7** Methodenblatt „Erstellung einer Mindmap"	

Wahlpflichtstation 6: Juden und Christen

M 43, Seite 84

Lernziele
- Bild vom Ölbaum und das Wort „Nicht du trägst die Wurzel, sondern die Wurzel trägt dich" als Symbol für das Verhältnis von Christen und Juden kennenlernen
- in der Messiaserwartung der Juden den wesentlichen Unterschied zwischen Christen- und Judentum erkennen

	Material aus dem Buch	Vorbereitung, sonstiges Material
Aufgabe 1	**M 43a** Bild	
Aufgabe 2		Bibel
Aufgabe 3	**M 43b** Erzählung „Arbeit bis zum Ende der Welt"	

Übungsstation

M 44–M 47, Seite 85–88

Lernziel
- erworbenes Wissen wiederholen und festigen

	Material aus dem Buch	Vorbereitung, sonstiges Material
Spiel 1	**M 44a** Spielanleitung Aktivity **M 45** Spielkarten Aktivity	Karten laminieren und ausschneiden
Spiel 2	**M 44b** Spielanleitung Domino **M 46** Spielkarten Domino	Karten größer kopieren, laminieren und ausschneiden
Spiel 3	**M 47** Suchrätsel	

Zusatzstation

Lernziele
- selbstständig Themen recherchieren
- eine effektive Präsentationsart für die erarbeiteten Inhalte auswählen und durchführen

	Material aus dem Buch	Vorbereitung, sonstiges Material
Thema 1–4		Material der Servicestation oder von den Schülern selbst organisiertes Material, Internet

Service-/Kontrollstation

Seite 89–95

Lernziele
- Arbeiten selbstständig kontrollieren
- selbstständig Material suchen und auswählen

	Material aus dem Buch	Vorbereitung, sonstiges Material
		Lösungen zu den einzelnen Stationen. Am besten ist es, wenn die ausgefüllten Arbeitsblätter in entsprechend beschriftete Briefumschläge gegeben werden. Zusatzmaterial beschaffen (Bibeln, Bücher zum Thema Judentum, Lexika, thematische Zeitschriften, PC mit Encarta-Programm etc.)

M 1 Beobachtungsbogen zum Lern- und Arbeitsverhalten der Schüler

Name: ______________________ Klasse: ________ Datum: ____________

Bewertungs-felder	**Bewertungskriterien**		
	Der Schüler bzw. die Schülerin ...	++, +, ~, – *	**Kommentar/Begründung**
Einzelarbeit	kann konzentriert arbeiten.		
	bearbeitet Aufgaben in angemessener Zeit.		
	ist bemüht, auch schwierige Lerninhalte zu bearbeiten.		
	führt eine gewissenhafte selbstständige Lösungskontrolle durch.		
Sozialkompetenz	lässt sich auf kooperatives Lernen ein.		
	kann schwächeren Schülern Hilfe geben.		
	kann selbst Hilfe annehmen.		
	lernt situationsgerecht mit anderen zusammen.		
Schriftliche Arbeit	arbeitet im Heft sauber und sorgfältig.		
Regeln	hält die Regeln der Stationenarbeit ein.		
Präsentation	setzt kreative Ideen um.		
	kann frei sprechen.		
	benutzt mediale Unterstützung.		
	macht keine inhaltlichen Fehler.		
	ist sicher bei der Beantwortung von Rückfragen.		
Weitere Anmerkungen			

* Bewertung mit (++) sehr gut, (+) gut, (~) befriedigend und (–) unbefriedigend.

Selbstbewertungsbogen für die Stationenarbeit Judentum

M 2

Name: ____________ Klasse: ____ Datum: ________ Zeitraum: ________

Bewertungskriterien	**Bewertung mit** ++ **sehr gut** + **gut** ~ **befriedigend** – **unbefriedigend**	**Kommentar bzw. Begründung**
Ich kann selbstständig arbeiten.		
Ich kann ausdauernd und konzentriert arbeiten.		
Ich kann gezielt um Beratung oder Hilfe bitten.		
Ich kann anderen helfen.		
Ich kann gut mit anderen zusammenarbeiten.		
Ich kann meine Mappe sorgfältig führen.		
Ich kann Kritik rücksichtsvoll formulieren.		
Ich kann selbst Kritik annehmen.		
Gesamtbewertung		

Weitere Anmerkungen:

M 3

Arbeits- und Verhaltensregeln für die Arbeit an Stationen

§ 1 Wir verhalten uns so, dass sich niemand gestört fühlt!
→ Möglichst leise und rücksichtsvoll arbeiten.
→ Wer sich gestört fühlt, bittet (leise) um Ruhe.

§ 2 Jede Aufgabe kann allein oder zu zweit bzw. zu dritt bearbeitet werden (Ausnahmen sind extra gekennzeichnet).

§ 3 Bei Partner- oder Gruppenarbeit beteiligen sich alle und bringen ihre Ideen und Vorstellungen in die Arbeit ein!

§ 4 Wir helfen uns gegenseitig!
→ Wir wenden uns bei Fragen zuerst an einen Mitschüler, der ebenfalls an der Station arbeitet oder der die Station bereits abgeschlossen hat.
→ Erst wenn uns niemand weiterhelfen kann, fragen wir den Lehrer.

§ 5 Wenn ein Mitschüler mit dem Material arbeitet, das ich gerade benötige, spreche ich es mit ihm so ab, dass wir beide zufrieden mit der Lösung sind!

§ 6 Wir behandeln das Material an den Stationen sorgsam!

§ 7 Wir verlassen die Station erst, wenn wir das Material auf Vollständigkeit kontrolliert und aufgeräumt haben!

Arbeitsplan

1. Überlege dir, was du schon gemacht hast (Laufzettel) und was du nun gerne machen möchtest.

2. Suche dir einen Partner, wenn es die Aufgabe verlangt oder wenn du gerne mit einem Mitschüler zusammenarbeiten möchtest.

3. Teile dir deine Arbeitszeit selbst ein. Denke dabei an die Aufräumzeit.

4. Bearbeite auch Aufgaben, die dir nicht gefallen, denn diese können ebenso einen Nutzen für dich haben.

5. Gehe sorgfältig mit den Materialien um, damit auch die anderen noch damit arbeiten können.

6. Stelle dir folgende Fragen, nachdem du eine Station bearbeitet hast:

   - Habe ich alles gemacht, was ich machen wollte?
   - Habe ich meine Aufgabe richtig bearbeitet?
   - Habe ich die Lösungen überprüft?
   - Habe ich mein Material ordentlich bearbeitet und in meine Mappe abgeheftet?
   - Habe ich meinen Laufzettel ausgefüllt?

7. Verlasse die Station erst, wenn du das Material ordentlich zurückgestellt hast.

M 5

Das 1 x 1 der Stationenarbeit

Hier siehst du, wie viele Schüler nötig sind, um die Aufgabe zu bearbeiten.

Hier sollst du bestimmte Sachverhalte selbst herausfinden.

Hier kannst du mit Bildern und Fotos arbeiten.

Hier kannst du etwas probieren.

Hier kannst du selbst etwas tun, indem du etwas nachmachst, selbst herstellst oder spielst.

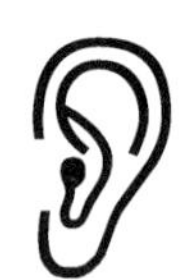

Hier kannst du dir etwas anhören.

Hier kannst du mit dem Computer arbeiten.

Hier kannst du selbst einen Text verfassen oder etwas zeichnen.

Hier kannst du dir einen Film ansehen.

Hier kannst du einen Text lesen.

Hier kannst du verschiedene Rätsel lösen oder einen Lückentext ausfüllen.

Doreen Oelmann: Stationentraining: Das Judentum

Laufzettel

M 6

Name: ______________ Klasse: ____ Arbeitszeit von __________ bis __________

Mit wem und wann habe ich gearbeitet?	Warum habe ich mich dafür entschieden?	Was habe ich gelernt?	Wie schätze ich meine Leistung ein?
Bearbeite *alle* **Pflichtstationen**!			
Synagoge Datum: ______ mit: ______			
Sabbat Datum: ______ mit: ______			
Jüdische Jahresfeste Datum: ______ mit: ______			
Jüdische Speisegebote Datum: ______ mit: ______			
Thora Datum: ______ mit: ______			
Jüdische Lebensfeste Datum: ______ mit: ______			
Bearbeite *drei* **Wahlpflichtstationen**! Gebet, Talmud, Ausbreitung des Judentums, Hebräische Sprache, Jerusalem, Juden und Christen			
______ Datum: ______ mit: ______			
______ Datum: ______ mit: ______			
______ Datum: ______ mit: ______			
Festige *zusätzlich* Themen der Pflichtstationen an der **Übungsstation**! Suchrätsel, Aktivity, Domino			
______ Datum: ______ mit: ______			
Wenn dich etwas *interessiert*, recherchiere an der **Zusatzstation** darüber! Jüdischer Kalender, jüdisches Leben in Deutschland, Davidstern, jüdische Strömungen			
______ Datum: ______ mit: ______			

M 7

Methodenblatt: Erstellung einer Mindmap

Was ist eine Mindmap?

Eine Mindmap ist so etwas wie eine „Gedankenlandkarte“, in der du Informationen oder Ergebnisse festhalten kannst.

Wie sieht eine Mindmap aus?

1. Zeichne in die Mitte einen Kreis und schreibe das Thema mit wenigen Stichpunkten hinein.
2. Überlege dir die wichtigen Teilbereiche des Themas. Zeichne nun für jeden Teilbereich von der Mitte aus einen dicken Strich. Für die Striche kannst du verschiedene Farben verwenden.
3. Jeder Teilbereich kann auch Unterthemen haben. Dafür kannst du Verzweigungen zeichnen und beschriften.

Ein Beispiel:

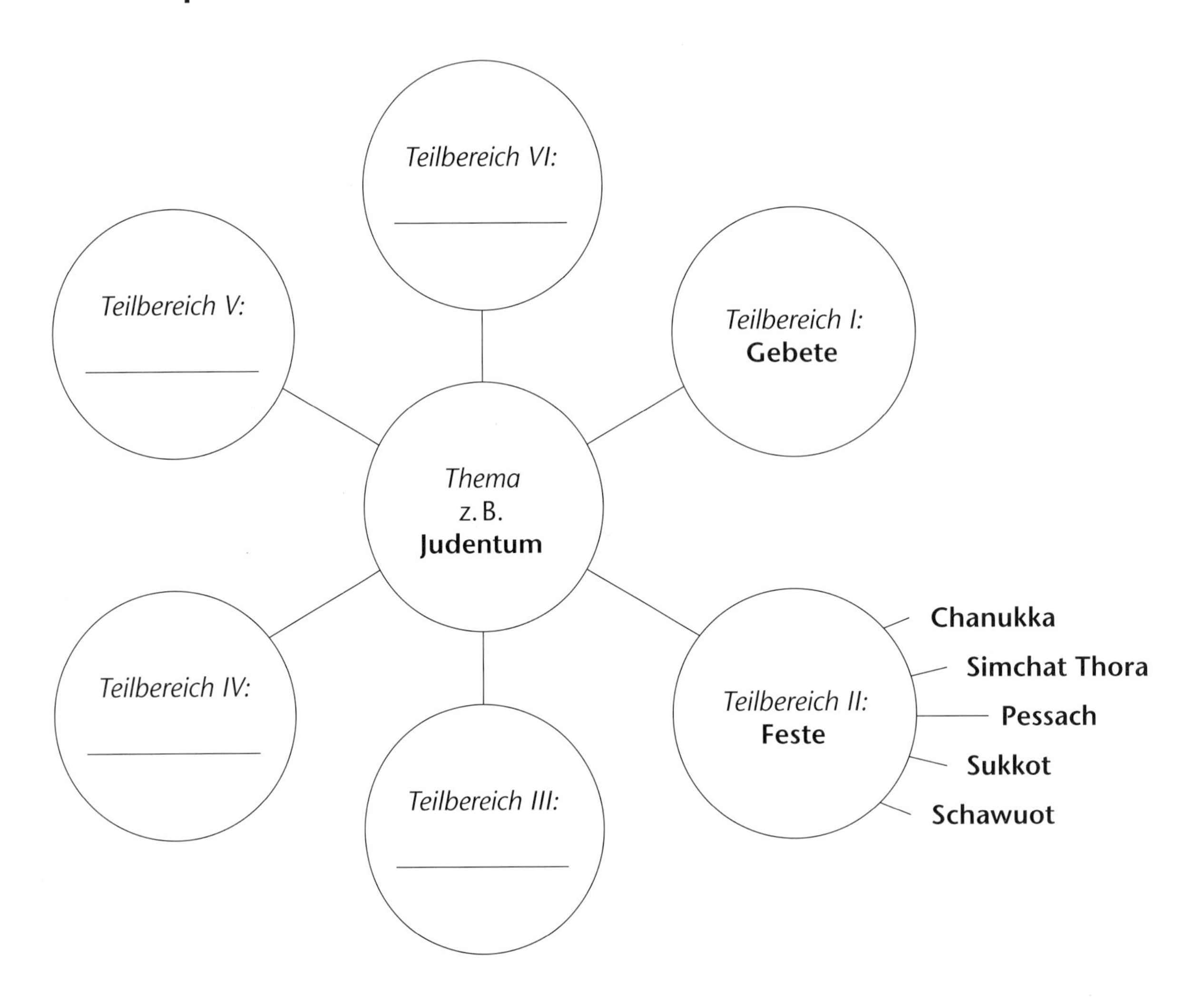

Aufgabenkarten für die einzelnen Stationen M 8

Pflichtstation 1: Synagoge

*Bearbeite **Aufgabe 1a oder b** und anschließend **Aufgabe 2**!*

1a) Stell dir vor, du bist Architekt/-in und bekommst den Auftrag, eine Synagoge zu bauen. Informiere dich mithilfe der Fotos von Synagogen (M 9a und M 9b) und des Informationstextes „Synagoge" (M 9c), was unbedingt zu einer Synagoge gehört. Zeichne anschließend einen Grundriss und beschrifte ihn.

oder

1b) Schaue dir den Film „David und die Synagoge" an und schreibe anschließend einen Bericht für die Schülerzeitung, in dem du die Besonderheiten einer Synagoge erläuterst (Architektur, Einrichtung, Funktion ...).

und

2) Vergleiche Synagoge und Kirche mithilfe des Arbeitsblattes „Synagoge und Kirche im Vergleich" (M 10).

Pflichtstation 2: Sabbat

*Bearbeite **Aufgabe 1 oder 2**!*

1a) Suche dir bis zu drei Mitschüler und spielt zusammen das Spiel „Wer löscht die Sabbatkerzen?" (M 11a). Die Spielanleitung (M 11b) hilft euch dabei. Beantwortet nach dem Spiel die Fragen auf dem Arbeitsblatt „Der jüdische Sabbat" (M 14).

und

1b) Kennzeichne auf dem Arbeitsblatt „Sonntag und Sabbat im Vergleich" (M 12a) mit unterschiedlichen Farben, welche Bestandteile zum christlichen Sonntag und welche zum jüdischen Sabbat gehören. Wenn du dir nicht sicher bist, kannst du dir die nötigen Informationen aus dem Text „Der Sonntag und seine Bedeutung für das Christentum" (M 12b) holen. Überlege anschließend, wie du und deine Familie den Sonntag verbringt und erstelle dazu eine Mindmap.

oder

2a) Lies den „Brief einer jüdischen Schülerin" (M 13), die in Jerusalem wohnt. Beantworte anschließend die Fragen auf dem Arbeitsblatt „Der jüdische Sabbat" (M 14).

und

2b) Schreibe nun selbst einen Brief, in welchem du Ruth berichtest, was Christen am Sonntag tun und wie du und deine Familie den Sonntag gestaltet. Du kannst dazu den Text M 12b „Der Sonntag und seine Bedeutung für das Christentum" lesen.

Pflichtstation 3: Jüdische Jahresfeste

*Bearbeite zuerst **Aufgabe 1**, danach **eine der Aufgaben 2–4** und anschließend **Aufgabe 5**!*

1) Bastle eine Festkreisscheibe zu den jüdischen Jahresfesten. Die Anleitung dazu findest du auf dem Arbeitsblatt „Bastelanleitung – Der jüdische Festkreis" (M 16a und M 16b). Informationen zu den jüdischen Jahresfesten findest du auf den entsprechenden Informationsblättern M 15a–g (Purim, Pessach, Chanukka, Sukkot, Schawuot, Rosch Ha-Schana, Jom Kippur, Simchat Thora).

und

2) Spielt zusammen mit dem Chanukka-Dreidel. Die Spielanleitung (M 17a) findet ihr in der Chanukka-Kiste.

oder

3) Probiere symbolische Speisen des Sedertellers und finde heraus, welche Bedeutung diese haben. Lies dazu den Informationstext „Pessach – Der Sederabend" (M 18a) und lege die Kärtchen mit den Bedeutungen vor das entsprechende Gericht bzw. das Getränk.

oder

4) Lest die Estergeschichte und führt dabei den Brauch des Haman-Klopfens aus. Informationen dazu findet ihr im Informationtext „Das Haman-Klopfen" (M 19b).

und

5) Fülle den Lückentext auf dem Arbeitsblatt „Jüdische und christliche Feste im Vergleich" (M 19c) aus.

Pflichtstation 4: Speisegebote

*Bearbeite **Aufgabe 1 oder 2**! Wenn du möchtest, kannst du auch die Zusatzaufgabe bearbeiten!*

1) Höre dir an, wie ein Rabbi die jüdischen Speisegebote erklärt und beantworte die Fragen auf dem Arbeitsblatt „Jüdische Speisegebote" (M 20b).

oder

2) Du hast jüdische Freunde zu deinem Geburtstag eingeladen und willst ihnen ein koscheres Menü anbieten, da du gehört hast, dass Juden nur Speisen essen, die koscher sind. Du weißt jedoch nicht genau, was das bedeutet.
Informiere dich in der Bibel (die Angabe der Bibelstellen findest du auf M 21) über die jüdischen Speisegebote. Stelle anschließend mithilfe des Kochbuchs ein passendes Menü zusammen. Halte deine Ergebnisse auf dem Arbeitsblatt „Ein koscherer Menüplan" (M 21) fest.

Zusatzaufgabe: Recherchiere im Internet, in Lexika, an der Servicestation oder durch Befragungen, ob es im Christentum ebenfalls Essensbräuche oder sogar Speisevorschriften gibt (z. B. an Weihnachten, Ostern).

Pflichtstation 5: Thora

*Bearbeite **Aufgabe 1, Aufgabe 2a oder b** und **Aufgabe 3a oder b**!*

1) Vergleiche die Hebräische Bibel mit dem Alten Testament und finde Gemeinsamkeiten bzw. Unterschiede heraus. Benutze dazu das Informationsblatt „TeNaCH – Die Bücher der Hebräischen Bibel" und „Das Alte Testament" (M 22) sowie den Informationstext auf dem Arbeitsblatt „Hebräische Bibel und Altes Testament im Vergleich" (M 23) und beantworte die Fragen auf M 23.

und

2a) Lies den Informationstext „Die Thora" (M 24a) und notiere dir, warum die Thora für das Judentum so bedeutsam ist und woran man das erkennt. Zeichne anschließend eine typische Thorarolle mit den entsprechenden Erläuterungen und hefte das Blatt in deiner Mappe ab.

oder

2b) Löse das Rätsel „Die Bedeutung der Thora für die Juden" (M 24b) mithilfe des Informationstextes „Die Thora" (M 24a) und beschrifte die Abbildung auf M 24b.

und

3a) Suche dir zwei Partner und spiele das Spiel „Wer wird Thorameister?". Die Spielanleitung (M 25a) hilft euch dabei.

oder

3b) Versuche, die Inhalte der Thora in der richtigen Reihenfolge auf M 26 „Aufbau der Thora" zu legen. Ob du alles richtig hast, kannst du am Lösungswort erkennen. Benutze eine Bibel, wenn du nicht weiterweißt.

Pflichtstation 6: Jüdische Lebensfeste

*Bearbeite **Aufgabe 1 oder 2**!*

1) Spiele das Quartett „Jüdische und christliche Lebensfeste" (Spielanleitung M 27a). Schneide anschließend die ungeordneten Stichpunkte auf dem Ausschneidebogen (M 28a) aus und klebe sie geordnet auf das Arbeitsblatt „Lebensfeste im Judentum" (M 28b). Beantworte die zusätzlichen Fragen.

oder

2) Lies die Berichte über die verschiedenen Lebensfeste eines Juden (M 29a – M 29c). Beantworte die Frage auf M 29a. Wichtige Informationen zu den Lebensfesten kannst du dabei mit einem Faserstift auf der Folie anstreichen. Überlege dir selbst eine Präsentation, in der du die Informationen festhalten kannst (z. B. Zeitstrahl, Tagebuch, Lebenslauf, Biografie, Plakat, Album ...).
Vergleiche außerdem die jüdischen Lebensfeste mit den christlichen Lebensstationen, indem du dein Wissen darüber einbeziehst.

Wahlpflichtstation 1: Gebet

Bearbeite ***Aufgabe 1a oder 1b oder 1c*** *und* ***Aufgabe 2 ganz!***

1a) Finde heraus, um welche Gegenstände es sich in der „geheimen Kiste" handelt. Welche Bedeutung haben diese für das jüdische Gebet und wie bzw. wann werden sie angewendet? Recherchiere dafür im Material der Service-Station und mache dir unter der Überschrift *Gebet* in deiner Mappe entsprechende Aufzeichnungen.

1b) Lege das Puzzle zum jüdischen Gebet und berichtige anschließend die „Leistungskontrolle eines Schülers zum jüdischen Gebet" (M 31).

oder

1c) Lege das Puzzle zum jüdischen Gebet und schreibe dir unter der Überschrift „Gebet" in deine Mappe, welche Bedeutung das Schma' Israel bzw. die Mesusa haben. Zeichne anschließend einen Juden, der sich für das Gebet bereit macht, und ergänze deine Zeichnung mit Erläuterungen zu den einzelnen Gegenständen.

2a) Vergleiche das Vaterunser mit dem Kaddisch und dem Schmone Esre (vgl. M 32). Kennzeichne dazu Gemeinsamkeiten und Ähnlichkeiten auf der Folie farbig.

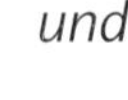

2b) Schreibe auf, was du in Aufgabe 2a festgestellt hast (z. B. in Tabellenform) und versuche, Gründe dafür zu finden. Überlege anschließend, ob Juden und Christen das Schmone Esre bzw. Kaddisch gemeinsam beten können. Deine Ergebnisse kannst du auf einem Blatt zusammenstellen und in deine Mappe abheften.

Wahlpflichtstation 2: Talmud

Bearbeite zuerst ***Aufgabe 1*** *und anschließend* ***Aufgabe 2a oder 2b!***

1) Schreibe dir die wichtigsten Informationen zum Talmud (Entstehung, Bedeutung, Inhalt) unter der Überschrift „Der Talmud" in dein Heft. Benutze dafür den Informationstext „Talmud" (M 33). Zeichne anschließend mithilfe der Informationen den schematischen Aufbau einer Talmudseite und ergänze deine Zeichnung durch Erläuterungen.

2a) Erstelle selbst eine Talmudseite, indem du eine Deutung zu einer Bibelstelle verfasst. Einen Vorschlag für eine Bibelstelle findest du auf M 34 a „Mögliche Bibelstellen". Du kannst jedoch auch selbst eine wählen. Bitte mindestens zwei Mitschüler, auch eine Deutung zu verfassen, damit du deine Seite vervollständigen kannst. Arbeite auf der Vorlage M 34b, „Eine Talmudseite selbst gestalten".

oder

2b) Beantworte mithilfe des Informationsblattes „Weisheiten aus dem Talmud" (M 35a) die drei Fragen auf dem Arbeitsblatt „Was würde ein Rabbi sagen?" (M 35b).

Wahlpflichtstation 3: Ausbreitung des Judentums

*Bearbeite **beide** Aufgaben!*

und

1) Ergänze das Kreisdiagramm auf dem Arbeitsblatt „Die Weltreligionen in Zahlen" (M 36) mithilfe des Informationstextes, der über dem Diagramm steht und gestalte das Diagramm farbig.

2) Finde heraus, wo das Judentum am stärksten vertreten ist, indem du die „Geheimschrift" auf der unteren Hälfte des Arbeitsblattes „Die Weltreligionen in Zahlen" (M 36) entschlüsselst.

Wahlpflichtstation 4: Hebräische Sprache

*Bearbeite **Aufgabe 1, 2 oder 3**!*

1) Lege deinen Namen mit hebräischen Buchstaben. Beachte dazu den Informationsteil zur hebräischen Sprache auf dem Arbeitsblatt „Die hebräische Sprache" (M 37b). Zeichne deinen Namen mit großen Buchstaben unter den Informationsteil ab.

oder

2) Versuche, anhand des Rätseltextes auf dem Arbeitsblatt „Rätsel zur hebräischen Sprache" (M 38) die Regeln des hebräischen Alphabets herauszufinden und schreibe den Text richtig ab. Suche dir einen Partner und schreibe ihm eine „Geheimbotschaft" auf sein Arbeitsblatt, die er entschlüsseln muss.

oder

3) Versuche, mithilfe der Kassette die hebräischen Wörter nachzusprechen. Informationen dazu findest du auf dem Arbeitsblatt „Hebräisch für Anfänger" (M 39).

Wahlpflichtstation 5: Jerusalem

*Bearbeite **Aufgabe 1a oder 1b, Aufgabe 2** und **3**!*

oder

und

und

1a) Begib dich auf eine virtuelle Reise durch Jerusalem und erkunde die wichtigsten Sehenswürdigkeiten.

1b) Erkunde die Altstadt von Jerusalem, indem du Memory spielst. Informiere dich dabei über die wichtigsten Sehenswürdigkeiten.

2) Ergänze das Arbeitsblatt „Jerusalem, die Heilige Stadt" (M 41) mit Informationen über verschiedene Sehenswürdigkeiten. Finde heraus, warum sowohl Christen und Muslime als auch Juden Jerusalem als die Heilige Stadt sehen.

3) Lies auf dem Arbeitsblatt „Israel bedeutet für mich ..." (M 42), was jüdische Schüler über Jerusalem denken und finde heraus, welchen Stellenwert Jerusalem in ihrem Leben hat. Fertige dazu eine Mindmap an. Das Methodenblatt „Erstellung einer Mindmap" (M 7) hilft dir dabei.

Wahlpflichtstation 6: Juden und Christen

*Bearbeite **alle Aufgaben**!*

und

und

1) Beschreibe, was du auf dem Bild (M 43a) siehst, erläutere den Zusammenhang zwischen Wurzeln und Baum sowie zwischen folgenden Wortpaaren: *Fundament – Haus, Quelle – Fluss, Mutter – Kind* und finde weitere passende Beispiele.

2) Lies Röm 11, 17–24 und erkläre, welches Beispiel Paulus gibt. Erkläre, wie es in Zusammenhang mit Judentum und Christentum steht und erläutere deine Vermutungen.

3) Lies die jüdische Erzählung „Arbeit bis zum Ende der Welt" (M 43b) und erläutere den wesentlichen Unterschied zwischen dem Judentum und dem Christentum.

Übungsstation

Hier findest du verschiedene Möglichkeiten, das Gelernte zu üben! Du hast die Wahl zwischen:

Aktivity (Auf dem Blatt „Spielanleitung Aktivity“ (M 44a) findest du Erklärungen zum Ablauf des Spiels.)

Domino (Auf dem Blatt „Spielanleitung Domino“ (M 44b) findest du Erklärungen zum Ablauf des Spiels.)

Suchrätsel (M 47)

Zusatzstation

Wenn dich eines der Themen interessiert, kannst du dazu recherchieren.

1) **Jüdischer Kalender:** Ein Jude würde sagen, wir befinden uns im Jahr 5768 (Stand Juni 2008). Finde heraus, wie der jüdische Kalender aufgebaut ist und wodurch die unterschiedlichen Jahresangaben im jüdischen und christlichen Kalender entstanden sind.

und/oder

2) **Jüdisches Leben in Deutschland:** Suche Informationen über jüdisches Leben in Deutschland. Ist es für Juden leicht oder schwer, in Deutschland zu leben, zu arbeiten oder in die Schule zu gehen? Wie werden jüdische Feste in Deutschland gefeiert? Vielleicht findest du auch Informationen darüber, ob und wo Juden in deiner näheren Umgebung leben.

und/oder

3) **Der Davidstern:** Finde heraus, warum und seit wann der Davidstern das Symbol des Judentums ist. Welche Bedeutung ist damit verbunden?

und/oder

4) **Strömungen des heutigen Judentums:** Finde heraus, welche Gruppierungen es im heutigen Judentum gibt und wodurch sich diese unterscheiden.

Für alle Themen gilt: Für die Recherche können Bücher, Internet, Encarta, Lexika, Zeitungsartikel, Interviews mit Fachleuten, Karten u. v. m. benutzt werden (Eventuell Materialien für die nächste Stunde von zu Hause mitbringen).

Es besteht die Möglichkeit, die Aufgabe schriftlich (Plakat, Flugblatt, Lexikoneintrag ...) oder mündlich (Referat, Rollenspiel ...) vor der Klasse zu präsentieren. Verwende bei deiner Präsentation auch geeignete Anschauungsmaterialien.

M 9a

Fotos von Synagogen

oben: Innenraum der Synagoge in Leipzig/ Keilstraße

links: Innenraum der Synagoge in Berlin/Rykestraße

Fotos von Synagogen

M 9b

Synagoge in Mannheim

Synagoge in Dresden

Synagoge in Köln

Synagoge in Berlin/Rykestraße

Orthodoxe Synagoge in Berlin

M 9c

Synagoge

Funktion des Gebäudes

Bei dem griechischen Begriff „Synagoge" handelt es sich um eine Übersetzung des hebräischen Wortes *bet ha-keneset,* was „Haus der Zusammenkunft" bedeutet. Die ersten Synagogen entstanden wahrscheinlich nach der Zerstörung des Ersten Tempels um 535 v. Chr. Nach der Zerstörung des Zweiten Tempels 70 n. Chr. wurden sie zum wichtigsten gesellschaftlichen und religiösen Mittelpunkt der jüdischen Gemeinde.
Eine Synagoge ist weder Opferstätte noch Heiligtum. Dies war der Tempel in Jerusalem. Eine Synagoge ist vor allem Treffpunkt der Gemeindemitglieder und somit auch ein soziales Zentrum, in dem sich die Gemeinde zum Lernen, Beten und für gesellschaftliche Aktivitäten trifft. Sie ist also ein Gemeindezentrum mit vielen Funktionen und Räumen: Klassenzimmern, Büros, einer Küche, Garderoben, einem Jugendzentrum, oft auch mit einem rituellen Tauchbad, einer Bücherei und natürlich mit dem Raum für Gottesdienste. Mit „Synagoge" kann also ein ganzer Komplex von Räumlichkeiten bezeichnet werden, der fast alle Bereiche des jüdischen Lebens umfasst. Gottesdienste werden während der Woche in einem kleineren Gebetsraum gefeiert, der Sabbatgottesdienst und die Feiertagsgottesdienste in der großen Synagoge.

Äußeres Erscheinungsbild einer Synagoge

Synagogen weisen in der Regel keine spezifische Architektur auf, durch die sie schon von außen als solche erkennbar sind. Oft wurden und werden sie im Stil des jeweiligen Landes gebaut, so z. B. die einfachen Holzsynagogen in Polen im 17. und 18. Jahrhundert oder die modernen Synagogen in den USA heute.

Innenausstattung einer Synagoge

Eine Synagoge ist meist recht einfach ausgestattet:
Der *Thoraschrein,* in dem die Thorarollen aufbewahrt werden (die fünf Bücher Mose, die in hebräischer Sprache in alten Schriftzeichen auf Pergament geschrieben sind), befindet sich an der Ostwand, gegenüber dem Eingang der Synagoge.
Vor dem Thoraschrein brennt das *Ewige Licht* (*Ner tamid*), wobei diese Lampe gelegentlich auch der Menora, einem siebenarmigen Leuchter, nachgestaltet ist.
Neben dem Ewigen Licht kann ein achtarmiger Leuchter stehen, die *Chanukkia.*
Auf einem erhöhten Bereich (*Bima*) steht ein großer Tisch, der zum Vorlesen aus der Thora dient. Die Bima hat je nach religiöser Richtung unterschiedliche Standorte in der Synagoge. So kann sie sich auf der Ost-West-Achse (orthodox), am östlichen Ende (reformiert) oder an der Wand gegenüber dem Thoraschrein befinden.
In vielen Synagogen sitzen Männer und Frauen getrennt: Die Frauen sitzen üblicherweise oben auf der *Frauenempore.* In einigen Synagogen können Frauen auch in einem eigenen Raum oder in einem in der Regel durch ein Gitter bzw. Vorhang (*Mechiza*) abgetrennten Bereich sitzen. In manchen Synagogen (z. B. im Reformjudentum) sitzen Frauen und Männer zusammen.
Im Eingangsbereich befindet sich außerdem ein Waschbecken, damit sich die Priester vor der Segnung der Gemeinde nach rituellem Brauch die Hände reinigen können.

Synagoge und Kirche im Vergleich

M 10

Schreibe die Buchstaben **S** (Synagoge) und **K** (Kirche) richtig in die Kästchen.

Übersetzung des Wortes

☐ „Haus der Versammlung oder Begegnung, des Studiums und Gebets“

☐ „das zum Herrn gehörende (Haus)“

DIE BIBEL

Innenausstattung

☐ Altar ☐ Menora ☐ Orgel ☐ Thoraschrein

☐ Ewiges Licht ☐ Altarkerzen ☐ Bima ☐ Chanukkia

☐ Frauenempore ☐ Kanzel ☐ Taufstein ☐ aufgeschlagene Bibel

Gebäudeteile

☐ Kirchturm ☐ Bibliothek ☐ Küche ☐ Büro

☐ Klassenzimmer ☐ Kirchenschiffe ☐ Sakristei ☐ Tauchbad

☐ Gottesdienstraum

Nutzungsmöglichkeiten

☐ Gottesdienst ☐ Gemeinschaftsräume ☐ Jugendzentrum

☐ soziales Zentrum ☐ Gebetsraum/Andachtsraum ☐ Ort zum Lernen

M 11a Wer löscht die Sabbatkerzen?

Ziel

Gewürze und Wein

Kerzen

Sabbatkerzen

Vorschriften

Beschäftigung

Familienfeier

Thoralesung

Synagoge

Singen

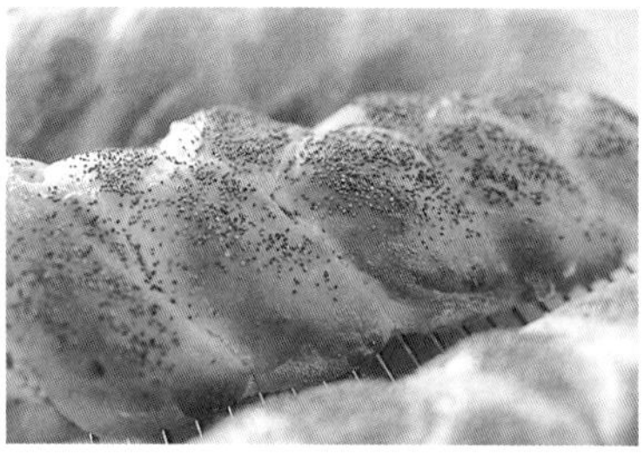

frische Challahs

Gottesdienst

Sabbatfeier

Sabbatkerzen

Gottesdienst am Sabbat

Start

Sonnenuntergang

Vorbereitungen

Wer löscht die Sabbatkerzen? Spielanleitung

M 11b

In diesem Spiel lernt ihr den Ablauf des Sabbats kennen.

Start: Stellt eure Spielfiguren auf das Startfeld. Reihum wird gewürfelt. Wenn du auf ein graues Feld kommst, passiert Folgendes:

Vorbereitungen: Du musst deiner Mutter helfen, die ganze Wohnung zu putzen und das Essen vorzubereiten, damit heute Abend alles fertig ist. Setze eine Runde aus!

Sonnenuntergang: Der Sabbat beginnt am Freitagabend bei Sonnenuntergang und ist der siebte Tag der Woche. Da die Sonne heute gegen sechs Uhr untergehen wird, darfst du erst weiterspielen, wenn du eine Sechs gewürfelt hast.

Sabbatkerzen: Deine Mutter zündet die beiden Sabbatkerzen an und spricht den Lichtersegen. Du darfst zwei Felder nach vorn ziehen.

Gottesdienst: Vor dem Essen gehst du mit deinen Eltern noch in den Gottesdienst. Dein kleiner Bruder trödelt. Gehe vier Felder zurück, um ihn zu holen.

Sabbatfeier: Die Sabbatfeier beginnt mit der Segnung des Weins und des Brotes. Der Besinnlichkeit wegen ist es besser, wenn du eine Runde aussetzt.

Singen: Während des Essens wird viel gesungen. Rücke zu deinem nächsten Mitspieler vor, damit ihr gemeinsam im Duett singen könnt.

Synagoge: Es ist Samstagmorgen und du bist schon ziemlich spät dran. Damit du noch rechtzeitig in die Synagoge kommst, darfst du noch einmal würfeln.

Thoralesung: Ups, jetzt bist du doch tatsächlich während der langen Thoralesung eingeschlafen. Setze einmal aus, damit du richtig munter wirst.

Vorschriften: Oje, obwohl du genau weißt, dass man während des Sabbats nicht arbeiten darf, hast du noch schnell deine Hausaufgaben gemacht. Und das, wo dir dein Vater schon oft gesagt hat, dass man z. B. nicht Auto fahren oder das Licht anmachen darf. Fange noch mal von vorn an und versuche, das nächste Mal daran zu denken.

Beschäftigung: Endlich ist einmal Zeit für die Familie und Entspannung. Vater liest in der Thora, Mutter unterhält sich mit deiner Schwester und du spielst mit deinem kleinen Bruder. Setze zweimal aus, damit du es länger genießen kannst.

Familienfeier: In einer kleinen Familienfeier verabschiedet ihr den Sabbat. Weil es heute so schön war, darfst du vier Felder nach vorn.

Kerzen: Am Samstagabend wird als erstes die Hawadala angezündet, eine mehrdochtige Kerze. Du bist vom Lichterschein so fasziniert, dass es besser ist, wenn du eine Runde aussetzt.

Gewürze und Wein: Du hast heute die Aufgabe, die wohlriechenden Gewürze herumzureichen. Zur Belohnung darfst du noch einmal würfeln.

Ziel: Die Sonne geht unter und du hast als Erster das Ziel erreicht. Schütte den restlichen Wein auf einen Teller und lösche darin die Kerzen.

M 12a Sonntag und Sabbat im Vergleich

Verbinde mit Linien, welche Bestandteile zum christlichen Sonntag und welche zum jüdischen Sabbat gehören.

Erinnerung an die Befreiung aus der Sklaverei

Sabbatmahl in der Familie

Zeichen des neuen Bundes in Jesus Christus

Thora im Mittelpunkt des Gottesdienstes

Abendmahl/Eucharistiefeier in der Kirche

Erinnerung an die Auferstehung Jesu

Sonntag **Sabbat**

Zeichen des ewigen Bundes Gottes mit Israel

erster Tag der Woche

Gemeindegottesdienst in der Synagoge

siebter Tag der Woche

Gemeindegottesdienst in der Kirche

Evangelium im Mittelpunkt des Wortgottesdienstes

 -

M 12b Der Sonntag und seine Bedeutung für das Christentum

Juden feiern den siebten Tag der biblischen Woche, während die Christen am Sonntag den ersten Wochentag feiern.

Der Sonntag ist der Tag des Herrn, der Tag Jesu Christi. Christen begehen den Sonntag als Erinnerung an die Auferstehung Jesu und um neue Kraft für ihr Leben als Christen zu bekommen. Aus diesem Grund feiern die Christen den Gemeindegottesdienst in der Kirche mit Gebeten, Liedern, Lesungen aus dem Evangelium und der Abendmahlfeier. Vor jedem Gottesdienst erklingen die Kirchturmglocken, um zum Gottesdienst zu rufen.

Auch Christen halten den Sonntag frei von Berufsarbeit, soweit sie nicht an diesem Tag in sozialen Einrichtungen Dienst tun müssen.

Brief einer jüdischen Schülerin

Samstag, 22.30 Uhr

Hallo!

In deinem letzten Brief wolltest du von mir wissen, wie wir den Sabbat feiern. Unser Sabbat ist euer Samstag, aber eigentlich wie euer Sonntag. Verstanden? Am Sabbat ist Family angesagt. Er beginnt schon am Freitagabend mit dem Sonnenuntergang. Nachmittags wird erstmal geputzt, damit alles sauber ist. Abends zündet meine Mutter dann die zwei Sabbatkerzen an. Dazu spricht sie den Lichtersegen. Anschließend gehen wir in die Synagoge zum Gottesdienst. Zu Hause findet danach die eigentliche Sabbatfeier statt. Dafür werden Wein und Brot gesegnet und es gibt immer etwas Leckeres zu essen. Während des Essens wird meist viel gesungen.

Am Samstag gehen wir alle in die Synagoge zum Gottesdienst, dabei steht die Thora im Mittelpunkt.

Du musst wissen, dass während des ganzen Sabbats nicht gearbeitet werden darf. Als Arbeit gilt auch, das Licht ein- und auszuschalten oder Auto zu fahren. In meiner Familie werden die Sabbatvorschriften jedoch nicht so genau genommen. So haben wir am Samstag immer viel Zeit zum Lesen, zum Unterhalten oder wir spielen etwas zusammen. Letzte Woche hat uns zum Beispiel mein kleiner Bruder das Schachspielen beigebracht! Mein Vater liest während dieser Zeit meistens in der Thora.

Mit Sternenaufgang am Samstag endet der Sabbat, der in einer kleinen Feier verabschiedet wird: Zunächst wird die Hawadala, eine geflochtene Kerze mit mehreren Dochten, angezündet. Dann werden wohlriechende Gewürze herumgereicht und es wird daran gerochen. Danach trinken wir ein bisschen Wein. Der Rest des Weines wird dann auf einen Teller geschüttet, worin dann die Kerze gelöscht wird.

Ich hoffe, ich konnte dir mit meiner Beschreibung weiterhelfen.

Bis demnächst!

Schalom, Ruth

M 14

Der jüdische Sabbat

1. Was geschieht wann? Ordne folgende Begriffe den Tagen Freitag und Samstag (= Sabbat) zu.

Anzünden der beiden Sabbatkerzen	Sabbatkerzen werden mit restlichem Wein gelöscht
Anzünden der Hawadala-Kerze	Segnung von Wein und Brot
Beginn: Sonnenuntergang	Synagogengottesdienst
Ende: Sonnenuntergang	Thoralesung in der Synagoge
gemeinsames Singen während der Sabbat-feier	Verabschiedung des Sabbats in einer kleinen Feier
Vater liest in der Thora, Kinder spielen	Wein trinken
Hausputz und Essen vorbereiten	an duftenden Gewürzen riechen
Mutter spricht Lichtersegen	

Freitag

(1) ____________________

(2) ____________________

(3) ____________________

(4) ____________________

(5) ____________________

(6) ____________________

(7) ____________________

Samstag

(1) ____________________

(2) ____________________

(3) ____________________

(4) ____________________

(5) ____________________

(6) ____________________

(7) ____________________

(8) ____________________

2. Was dürfen die Juden während des Sabbats nicht tun?

____

3. Lies im 2. Buch Mose 20, 8-10 und im 5. Buch Mose 5, 12-15 und beschreibe mit eigenen Worten, warum die Juden den Sabbat feiern!

____

____

Purim – Rettungsfest

M 15a

Symbol: Mit **Maske** und **Krone** wird an Purim die Geschichte von Ester gespielt.

Purim, auch „Losfest“ genannt, wird im Monat Adar (etwa März) als Gedenktag gefeiert. Dieser erzählt die Geschichte der persischen Königin Ester, als Erinnerung an die Errettung der Juden im 5. Jahrhundert v. Chr. Haman, Großwesir des Königs, verlangte aus Rache, dass alle Juden im Persischen Reich getötet werden sollten, weil der Jude Mordechai sich nicht vor ihm, sondern nur vor Gott verneigte. Der Tag für die Hinrichtung sollte durch das Los (persisch „Pur“) bestimmt werden. Aber zu der Zeit war die Jüdin Ester Königin. Sie konnte den König von der Unschuld der Juden überzeugen und den Mord verhindern.
Am Purimfest wird die Ester-Rolle in der Synagoge vorgelesen. Außerdem finden Maskenbälle und Umzüge statt, bei denen die Geschichte Esters nachgespielt wird. Zu Hause gibt es ein Festessen, bei dem Hamantaschen gegessen werden. Ein weiterer Brauch besteht darin, dass Freunde und Arme beschenkt werden.

Pessach – Befreiungsfest

M 15b

Symbol: Zu Pessach wird kein normales Brot gegessen, sondern **Mazzot**. Die Brote sind ohne Sauerteig gebacken.

Pessach wird im Nisan (März/April) gefeiert und erinnert an den Auszug aus Ägypten (2. Buch Mose 12, 21–23), als Gott sein Volk aus der Sklaverei befreite. Das Fest dauert sieben Tage und ist durch die Pessach-Haggada (Pessacherzählung, ihre Deutung und Ordnung des Festes) bestimmt. Vor Beginn wird das gesamte Haus gesäubert und die Kinder suchen das versteckte gesäuerte Brot (Mazzot), das anschließend verbrannt wird. Als der Pharao nämlich die Israeliten nach vielen Katastrophen aus Ägypten ziehen ließ, mussten sie innerhalb kurzer Zeit aufbrechen, und hatten so keine Zeit mehr, normales Brot zu backen. Darum wird zu jedem Pessach jeder Brotkrümel aus dem Haus gefegt und es gibt die ganze Pessach-Woche nur ungesäuertes Brot aus Mehl und Wasser. Der Höhepunkt des Festes ist der Sederabend, der am ersten Abend des Pessachfestes stattfindet.

M 15c Chanukka – Tempelweihfest/Lichterfest

Symbol: An Chanukka werden abends Lichter auf der **Chanukkia** angezündet und es wird mit dem **Dreidel** gespielt.

Chanukka dauert acht Tage und findet im Monat Kislew (etwa Dezember) statt. Es erinnert an die Weihe des Tempels in Jerusalem im Jahre 164 v. Chr. Der Tempel war 165 v. Chr. von dem griechischen König Antiochus IV. erobert und entweiht worden. Außerdem wurde die Ausübung des jüdischen Glaubens mit dem Tode bestraft. Die Juden eroberten den Tempel zurück. Aber für die Weihe des Tempels war besonderes Öl nötig. Davon war nur eine kleine Menge für eine Brenndauer von 24 Stunden vorhanden. Aber auf wunderbare Weise reichte das Öl für acht Tage. Zu Chanukka bekommen Kinder Geschenke und süßes Gebäck (z. B. verschiedenes Ölgebäck wie Krapfen oder Pfannkuchen). Mithilfe der 9. Kerze, dem so genannten „Diener“, wird die erste Kerze der Chanukkia angezündet. Anschließend wird jeden Tag eine weitere Kerze der acht Kerzen angezündet. Die Kerzen müssen mindestens eine halbe Stunde pro Tag brennen. Während dieser Zeit ist es üblich, dass die Familie gemeinsam spielt.

✂ — — — — — — — — — — — — — — — — — — —

M 15d Sukkot – Laubhüttenfest

Symbol: Zu Sukkot werden **Laubhütten** gebaut. In der Synagoge werden „Die vier Arten“, **Zweige** und eine **Zitrusfrucht**, mitgebracht.

Das Laubhüttenfest beginnt vier Tage nach Jom Kippur im Monat Tischri (etwa Oktober) und wird eine Woche lang gefeiert. Nach dem 3. Buch Mose 23,42 erinnert die Laubhütte (Sukkot) an das Wohnen in zeltartigen Hütten zur Zeit der Wüstenwanderung. In den Gärten oder auf den Balkonen werden Hütten aus Zweigen und Stangen gebaut und mit Früchten und Blumen geschmückt. Durch das Dach muss der Himmel zu sehen sein. Während des Festes wohnt man in diesen Hütten.

Zum Gottesdienst werden „Die vier Arten“, das ist ein Feststrauß aus Palme, Myrte und Weiden mit einer Zitrusfrucht, mitgebracht. Diese sind u. a. ein Symbol für Eintracht und Zusammengehörigkeit.

Schawuot – Bundesschluss

M 15e

DIE
ZEHN GEBOTE

Und Gott redete und sprach alle diese Worte:
ICH BIN JAHWE, DEIN GOTT, DER DICH AUS ÄGYPTENLAND WEGGEFÜHRT HAT, AUS DEM SKLAVENHAUSE.
DU SOLLST KEINE ANDEREN GÖTTER NEBEN MIR HABEN.
DU SOLLST DIR KEINE GÖTZEN MACHEN IN GESTALT VON DINGEN DROBEN AM HIMMEL ODER UNTEN AUF DER ERDE ODER IM WASSER UNTER DER ERDE; DU SOLLST DICH NICHT VOR IHNEN NIEDERWERFEN UND SIE ANBETEN; DENN ICH, JAHWE, DEIN GOTT, BIN EIN EIFERSÜCHTIGER GOTT, DER DIE SCHULD DER VÄTER VON DEN KINDERN BÜSSEN LÄSST IM DRITTEN UND VIERTEN GESCHLECHT MEINER FEINDE, UND GNADE ERWEIST BIS INS TAUSENDSTE DERER, DIE MICH LIEBEN UND MEINE GEBOTE HALTEN.
DU SOLLST DEN NAMEN JAHWES, DEINES GOTTES, NICHT FREVENTLICH AUSSPRECHEN; DENN JAHWE LÄSST DEN NICHT UNGESTRAFT, DER SEINEN NAMEN FREVENTLICH AUSSPRICHT.
GEDENKE DES SABBATTAGES, UM IHN ZU HEILIGEN. SECHS TAGE LANG KANNST DU

Symbol: Die **Gesetzestafeln** stehen für den Bund Gottes mit Israel.

Schawuot wird als Gedenken an die Sinaioffenbarung gefeiert. Das Fest findet im Monat Siwan (Juni) statt, fünfzig Tage oder sieben Wochen („Schawuot" bedeutet „Wochen") nach Pessach, da Gott am 50. Tag nach dem Auszug aus Ägypten seinen Bund mit dem Volk Israel schloss. Als Urkunde dieses Bundes gab er ihnen die Thora mit den Zehn Geboten. Aus diesem Grund stehen diese auch im Mittelpunkt des Gottesdienstes. Außerdem wird die Geschichte von Ruth gelesen.

Rosch Ha-Schana – Neujahr
Jom Kippur – Großer Versöhnungstag

M 15f

Symbol: Im Gottesdienst zu Neujahr und zu Jom Kippur wird das **Schofar**, ein Widderhorn, geblasen.

Rosch Ha-Schana bedeutet „Haupt des Jahres" und ist das Neujahrsfest der Juden, das zwei Tage lang gefeiert wird. Der erste Tag ist der Tag des Gerichtes, an dem Gott die Taten der Menschen bewertet, während der zweite der Tag des Gedenkens ist. Es ist die Zeit der Umkehr, Einkehr und Besinnung. Im Gottesdienst wird ein Widderhorn geblasen, das zum Überdenken des Lebenswandels anregen soll. In den zehn Tagen bis Jom Kippur bitten die Juden Gott und ihre Mitmenschen um Verzeihung. Als Zeichen der Reue tragen viele Betende ihre weißen Sterbehemden und eine weiße Kippa. An Jom Kippur wird 24 Stunden gefastet und es findet ein ganztätiger Gottesdienst statt. Jom Kippur endet wiederum mit dem Blasen des Schofars.

Simchat Thora – Fest der Gesetzesfreude

M 15g

Symbol: An Simchat Thora werden die **Thorarollen** in einem festlichen Umzug durch die Synagoge getragen.

Seit dem Mittelalter wird am Tag nach Sukkot das „Fest der Gesetzesfreude" im Monat Tschiri (etwa Oktober) gefeiert. Im Laufe eines Jahres wird im Gottesdienst die ganze Thora durchgelesen.
An Simchat Thora wird das Lesen der Thora abgeschlossen und gleich wieder mit dem ersten Abschnitt begonnen. Dies soll verdeutlichen, dass Gott die Thora für immer gegeben hat, und dass die Thoralesung nie ein Ende hat. Aus Freude über die Gabe der Thora wird in der Synagoge getanzt und gesungen. Während des Gottesdienstes werden die Thorarollen in einem festlichen Umzug durch die Synagoge getragen.

M 16a

Bastelanleitung – Der jüdische Festkreis

- Ergänze zunächst in Kreis 1 die Namen der jüdischen Feste.
- Trage dann in jedes Segment von Kreis 2 Informationen zu einem jüdischen Fest ein (Stichpunkte!). Gehe dabei auf folgende Fragen ein:
  - **Festart**: Um welche Art von Fest handelt es sich bzw. was wird gefeiert (z. B. Rosch Ha-Schana: Neujahr)?
  - **Erinnert an**: Woran erinnert dieses Fest?
  - **Symbol**: Welches Symbol steht für das jeweilige Fest? (Du kannst das Symbol auch zeichnen.)
  - **Riten/Bräuche**: Welche Bräuche pflegt man an diesem Fest?
  - **Termin/Dauer**: Wann findet das Fest statt und wie lange dauert es?
- Klebe Kreis 2 und 3 auf dünnen Karton und schneide sie aus. Das vorliegende Blatt klebst du ebenfalls auf dünnen Karton.
- Lege nun Kreis 3 auf Kreis 2 und die beiden auf Kreis 1. Stecke vorsichtig, durch jede Scheibe einzeln, eine Briefklammer hindurch und biege sie hinten um. Du kannst das Loch in der Mitte mit einer spitzen Schere vorstechen. Nun kannst du durch Drehen den Erläuterungen die entsprechenden Feste zuordnen. So kannst du sie dir einprägen.

Kreis 1

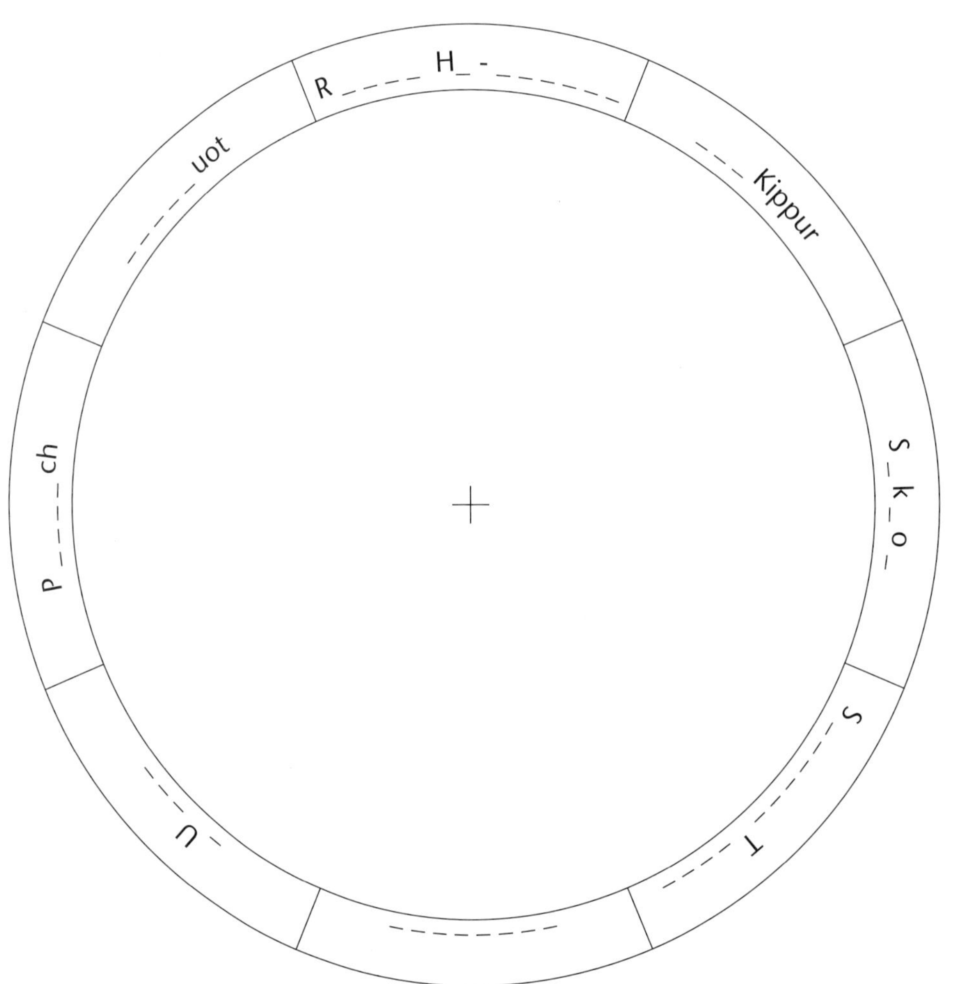

Kreis 2

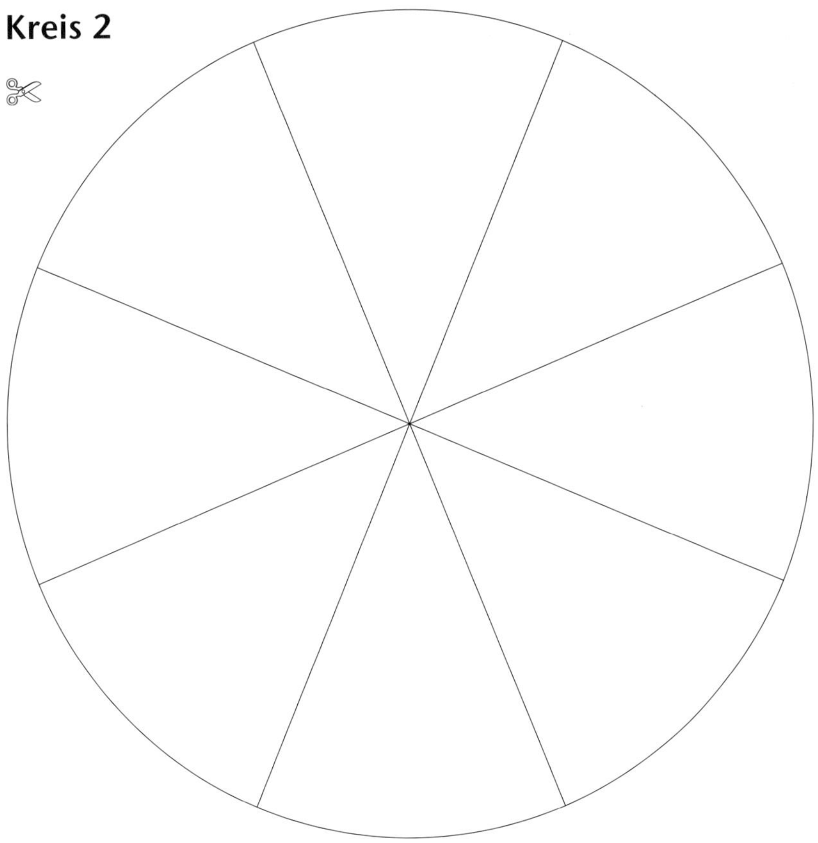

✂

Kreis 3

✂

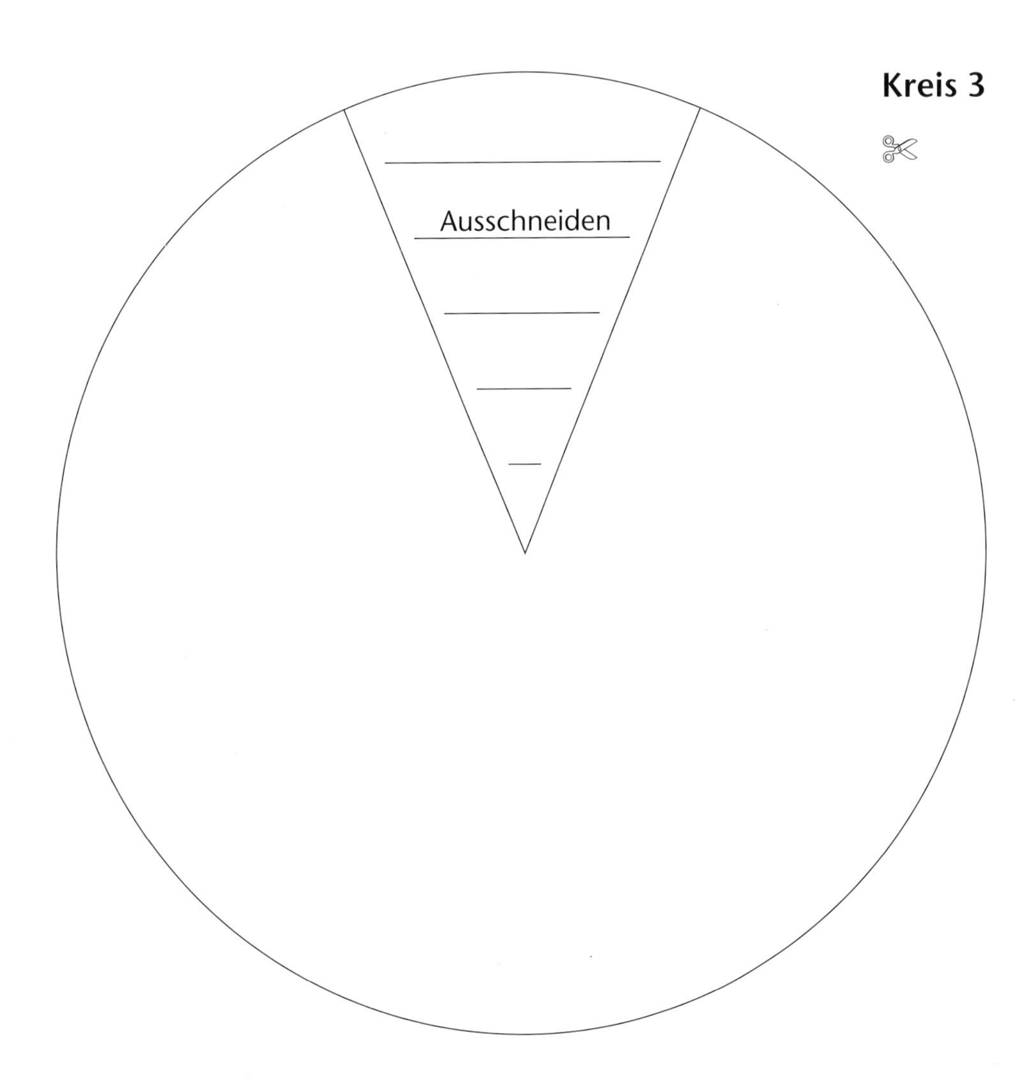

M 17a Spielanleitung Chanukka-Dreidel – „Nes gadol haja scham"

Wenn am Chanukka-Leuchter die Kerzen brennen, ist es Tradition, dass in den jüdischen Familien gespielt wird. Besonders beliebt ist der Dreidel. Dieser besteht meist aus Olivenholz und ist handbemalt.

Auf dem Dreidel befinden sich die hebräischen Buchstaben: 

Dies wird „Nes gadol haja scham" ausgesprochen und heißt: „Ein großes Wunder ist dort geschehen". Das spielt auf das Lichtwunder des Tempelweihfestes nach dem Makkabäeraufstand an.

Für das Spiel braucht ihr:

- Dreidel
- Chips
- Teller

Und so geht's:

- Jeder Spieler bekommt sechs Chips als Spielfiguren.
- Stellt den Teller in die Mitte. Darauf legt man pro Spieler sechs Chips (3 Spieler = 18 Chips, 4 Spieler = 24 Chips ...).
- Der jüngste Spieler beginnt und dreht den Dreidel.
- Je nachdem, welcher Buchstabe oben liegen bleibt, passiert Folgendes:

כ (N) wie „Null" → Spieler bekommt keine Chips

ב (G) wie „Gewinn" → Spieler bekommt zwei Chips

ה (H) wie „Hälfte" → Spieler bekommt einen Chip

ש (S) wie „Setzen" → Spieler muss zwei Chips auf den Teller legen

- Das Spiel ist beendet, wenn ein Spieler keine Chips mehr besitzt oder der Teller leer ist.
- Der Spieler mit den meisten Chips ist der Sieger.

Viel Spaß beim Ausprobieren!

Bastelvorlage Chanukka-Dreidel

M 17b

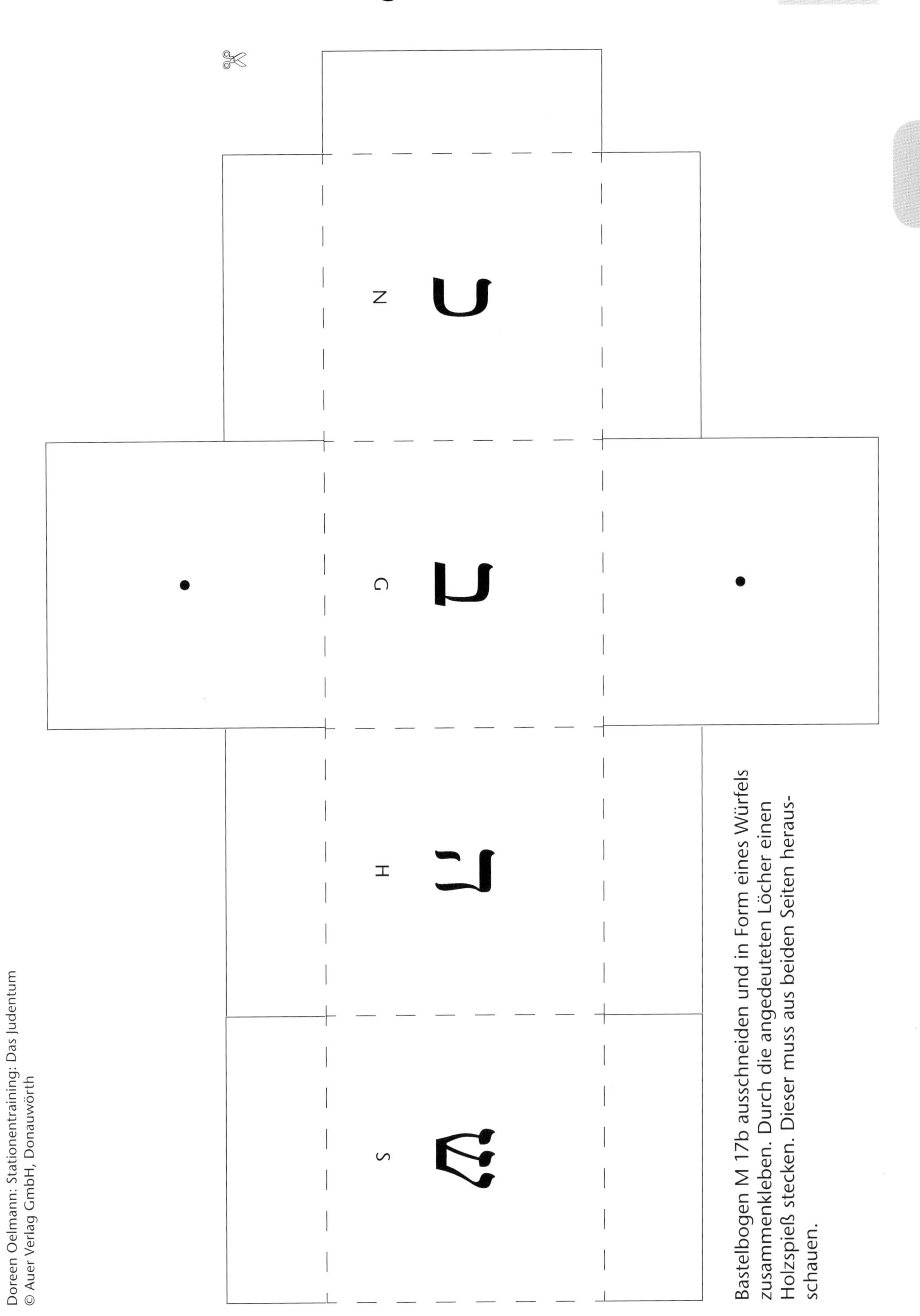

M 18a Pessach – Der Sederabend

Am ersten Abend des Pessachfestes wird der Sederabend gefeiert. Das Wort „Seder" bedeutet „Reihenfolge". So ist der Ablauf des Abends und des Essens genau festgelegt. Im Mittelpunkt des Abends steht die Mahlzeit. Dabei handelt es sich um symbolhafte Speisen, die an die Nacht der Befreiung aus Ägypten erinnern.
Jeder (auch Kinder) soll vier Becher Wein trinken. Der Becher muss an bestimmten Stellen der Mahlzeit geleert werden. Man trinkt ihn links am Stuhl angelehnt, in Erinnerung daran, dass in griechisch-römischer/hellenistischer Zeit freie Menschen auf ihrer linken Seite aufgestützt zu Tische lagen.
Weiterhin liegen drei Mazzot übereinander. Sie sind je durch ein Tuch getrennt und bedeckt. Dies soll an die drei Stände zur Zeit des Zweiten Tempels erinnern: die Priester, die Leviten und das Volk Israel.
Am Tisch befindet sich weiterhin ein extra Pessachgeschirr als Ehrengedeck für den Propheten Elia, denn Elia soll als Vorbote des zu erwartenden Messias anwesend sein.
In der Mitte des Tisches befindet sich der Sederteller mit sechs Speisen, die an die Knechtschaft und die Befreiung aus Ägypten erinnern.

Aufgabe:
An dieser Station findest du die typischen Speisen des Sedertellers. Koste diese und überlege dir, an welche Begebenheiten diese erinnern sollen. Lege dazu die Kärtchen mit den Bedeutungen vor das Gericht bzw. das Getränk.

Beispiel:
Gebratene Lammknochen erinnern an das Pessachlamm und das Pessachopfer im Tempel.

Bedeutungskärtchen

Symbol für neues Leben, aber auch der Trauer	erinnert an die karge Sklavenmahlzeit in Ägypten
erinnert an den Lehm, aus dem die Israeliten in Ägypten Ziegel herstellen mussten	erinnert an die Tränen, die die Israeliten während der Unterdrückung in Ägypten vergossen
erinnert an die bittere Zeit und das Leid in Ägypten	

M 19a

Estergeschichte

Klebefläche

Im Jahr 480 v. Chr. feierte der persische König Ahasver das dritte Jahr seiner Regierung mit einem großen Fest. Das Fest, zu dem die ganze Bevölkerung eingeladen war, dauerte eine Woche lang. Als am letzten Tag alle sehr angetrunken waren, sollte die Königin Watschi auf Befehl des Königs ihre Schönheit zur Schau stellen. Watschi war allerdings sehr sittsam und verweigerte den Befehl. Daraufhin ließ Ahasver seine Frau auf Anraten seiner Berater hinrichten. Es dauerte nicht lange, und der König bereute seinen Beschluss. Er wollte unbedingt wieder eine Frau haben. Seine Berater schlugen ihm einen Wettbewerb vor, an dem alle Mädchen des Reiches teilnehmen sollten. Aus diesen wählte sich der König die wunderschöne Ester als neue Königin. Ester war von ihrem Onkel Mordechai großgezogen worden, da sie Waise war. Mordechai war ein Ältester der jüdischen Gemeinde und nahm Ester das Versprechen ab, ihre jüdische Herkunft dem König nicht zu verraten.

Einige Zeit später hörte Mordechai zufällig, dass ein Komplott gegen den König geplant wurde. Davon erzählte er Ester, die ihrem Gemahl sofort davon berichtete. So konnte die Verschwörung verhindert und die Verschwörer hingerichtet werden. Mordechai wurde als Held gefeiert. Seine Leistung wurde jedoch schnell wieder vergessen.

Einige Zeit später kam der königliche Berater Haman zu sehr großer Macht, da er zum Stellvertreter des Königs ernannt wurde. Seine Position war ihm sehr wichtig und so bestand er darauf, dass sich das gesamte Volk vor ihm verneigte. Mordechai, der Ester sehr oft besuchte, weigerte sich jedoch, und Haman wurde wütend. Seine Wut wurde so groß, dass er beschloss, nicht nur Mordechai, sondern die gesamte jüdische Bevölkerung zu vernichten und er konnte auch den König davon überzeugen. So gab der König Haman die Vollmacht, mit den Juden zu machen, was er wollte. Mit einem Würfel bestimmte Haman den Tag, an dem die Ausrottung der Juden erfolgen sollte. Für den 13. Adar gab Haman die Anweisung an die Bevölkerung, alle Juden anzugreifen und zu töten.

Mordechai, der von Hamans Plan hörte, sagte Ester, sie solle das Leben der Juden retten und ihren Mann davon überzeugen, dass er Haman die Erlaubnis wieder entziehen sollte. Ester lud den König und Haman zu einem Essen in ihre Gemächer ein. Sie verriet allerdings nicht, warum. Haman war natürlich sehr stolz auf diese Einladung, da nur er und der König von Ester eingeladen worden waren.

Als er jedoch Mordechai am Palasttor erblickte, entschied er sich, nicht auf den 13. Adar zu warten, an dem alle Juden getötet werden sollten. Er beschloss,

Mordechai sofort zu töten und ließ einen Galgen aufstellen, an dem Mordechai auf der Stelle erhängt werden sollte.
Wie der Zufall es wollte, konnte der König in dieser Nacht nicht schlafen und ließ sich aus seinen Akten vorlesen. Dabei wurde er daran erinnert, dass Mordechai ihm das Leben gerettet hatte. Es wurde ihm klar, dass er Mordechai nie belohnt hatte. Er wandte er sich an Haman, der gerade das Schlafgemach betrat. Dieser wollte eigentlich die Erlaubnis für die Hinrichtung Mordechais haben. Bevor er dazu kam, fragte ihn der König, wie man einen Menschen belohnen könne, der es besonders verdient hat. Haman, der davon ausging, dass er dieser Mensch sei, schlug vor, dass diese Person auf des Königs Pferd und in königlichen Gewändern von den verehrtesten Edelmännern durch die Stadt geführt werden sollte. Dabei sollte verkündet werden, dass dieser Mann vom König besonders geehrt werde. Dies gefiel dem König sehr gut und er beauftragte Haman, so mit Mordechai zu verfahren.
In der gehobenen Stimmung, für die Ester im Verlauf dieses Festessens sorgte, fragte der König auch seine Königin, welche Gunst er ihr gewähren könne. „Bitte, und die Hälfte des Königreiches soll dein sein", sagte Ahasver zu Ester. Jetzt hielt Ester den Zeitpunkt für gekommen, ihre jüdische Identität zu enthüllen. Sie deutete auf Haman als den Feind, der sie und ihr Volk zu vernichten trachtete. In einem Wutanfall stürzte der König aus dem Zimmer, während Haman vor Esters Liege niederfiel, um sich zu rechtfertigen. Als der König wieder in das Zimmer trat und Haman an Esters Couch vorfand, missverstand er dessen Absichten gegenüber der Königin. Er gab unverzüglich Anweisung, ihn zu hängen, und zwar an eben dem Galgen, den Haman für Mordechai vorbereitet hatte.
Nach dieser Wendung der Ereignisse wurde Mordechai an Hamans Stelle in dessen hohe Position befördert. Der König konnte zwar die Anordnung Hamans selbst nicht zurückziehen, aber er erließ nun eine andere Verordnung, die allen Juden in seinem Königreich das Recht zusprach, sich im Angriffsfalle zu verteidigen.
Am 13. Adar brach ein Kampf aus, und die jüdische Bevölkerung verteidigte sich erfolgreich und schlug ihre Angreifer zurück. Viele kamen dabei ums Leben.
Mordechai und Ester verfügten daraufhin, dass der Tag nach der Schlacht, der 14. Adar, als Tag der Feier und Freude unter den Juden in aller Welt und zu allen Zeiten begangen werden sollte. In der Hauptstadt Susa, in der die Kämpfe zwei Tage andauerten, wurde der Festtag am 15. Adar gefeiert. Diese Tage sollten „Purimtage" heißen.

Klebefläche

Jüdische Jahresfeste

M 19b Das Haman-Klopfen

Wenn die Juden Purim feiern, wird im Gottesdienst die Ester-Geschichte vorgelesen. Dafür wird nur zu diesem Fest die Ester-Rolle, die kostbar verziert ist, aus dem Thora-Schrein herausgeholt.
Während des Vorlesens gibt es einen interessanten Brauch: das so genannte *Haman-Klopfen*. Dies bedeutet, dass immer, wenn der Name des Verfolgers Haman im Text vorkommt, die Jungen und Männer mit speziellen Hämmerchen, Stöckchen oder Rasseln auf ihr Pult klopfen, sodass ein ohrenbetäubender Lärm entsteht. Damit soll die Hoffnung ausgedrückt werden, dass die Feinde Israels nie siegen werden, egal wie stark sie auch sind.

→ Um das Haman-Klopfen zur Estergeschichte auszuführen, kannst du auch andere Gegenstände verwenden, wie Stifte o. Ä.

Esterrolle

Jüdische und christliche Feste im Vergleich

M 19c

Jüdische Jahresfeste

Ergänze die folgenden Wörter in die Lücken:

Auferstehung, Auferstehung, Ägypten, Auszug, Gabe der Thora, Gabe des Heiligen Geistes, Geist, Heil, Heil, Heiligen Geist, Jesu, Jesus Christus, Knechtschaft, Leben, Mose, Nisan, Ostern, Ostern, Pessach, Pessach, Rettung, Schawuot, Schuld, Sonntag, Tod, Tod, Thora, Thora, Unterdrückung, Versklavung

	Pessach	_ (_)[3]_ _ _ _
Datum:	15. Tag des Frühlingsmonats _ _ (_)[21]_ _	_ _ _ _ (_)[11]_ _ nach dem ersten Frühlingsvollmond
erinnert an:	_ _ _ _ _ _ aus _ _ _ _ _ (_)[9]_ Durch die Führung des (_)[17]_ _ _ befreite Gott das Volk Israel aus der _ _ _ _ _ _ _ _ _ _ _ (_)[25]_ Ägyptens.	_ _ (_)[1]_ _ _ _ _ _ _ _ _ _ Jesu Durch _ _ _ _ _ _ (_)[23]_ _ _ _ _ _ hat Gott alle Menschen gerettet und zum ewigen _ _ (_)[6]_ _ berufen.
Bedeutung:	Juden glauben, dass Gott sie durch die Feier des _ _ _ _ _ _ _ in allen Generationen von _ _ _ _ _ (_)[8]_ _ _ _ _ _ _ und _ _ _ _ _ _ _ _ _ _ (_)[13]_ befreit.	Christen glauben, dass Gott durch den (_)[4]_ _ und die _ _ _ _ _ _ _ _ _ _ _ _ Jesu die Menschen von Leid, _ _ _ (_)[10]_ _ und Tod erlöst.

	_ _ _ _ _ (_)[12]_ _	**Pfingsten**
Datum:	50. Tag nach _ _ _ _ _ (_)[22]_	50. Tag nach _ _ _ (_)[18]_ _
erinnert an:	Nach dem Auszug aus Ägypten und der _ (_)[2]_ _ _ _ _ aus dem Meer gab Gott dem Volk Israel die _ _ _ _ (_)[24]. Aus diesem Grund wird das Fest auch „_ _ _ (_)[7] _ _ _ _ _ _ _ _" genannt.	Nach dem _ _ _ und der Auferstehung _ _ _ _ gab Gott dem Urchristentum den _ _ _ _ _ _ _ _ _ (_)[15]_ _ _ _. Aus diesem Grund das Fest auch „(_)[14]_ _ _ _ _ _ _ _ _ _ _ _ _ _ (_)[20] _ _ _ _ _ _ _" genannt.
Bedeutung:	Juden und Christen glauben, dass Gott durch Mose den Menschen die (_)[26]_ _ _ _ zu ihrem _ (_)[16]_ _ gegeben hat.	Christen glauben, dass Gott den Menschen durch Jesus den Heiligen _ _ (_)[19]_ _ zu ihrem _ (_)[5]_ _ gegeben hat.

_ _ _ _ _ haben eine große _ _ _ _ _ _ _ _ _ für die
(1 2 3 4 5 — 6 7 8 9 10 11 12 13 14)

_ _ _ _ _ _ _ _ _ _ _ _ !
(15 16 17 18 19 20 21 22 23 24 25 26)

Erläutere diesen Lösungssatz!

____

____

____

M 20a Eine jüdische Religionsstunde

Jüdische Speise-gebote

Der Rabbi stand unter der Tür und las etwas verwirrt die lange Liste von Fragen an der Tafel. Jede war in einer anderen Handschrift geschrieben. „Sie haben gesagt, wir dürfen heute Fragen stellen", stellte Harvey Shacter fest.

„Ja, das hab ich, Mr. Shacter." Er trat in den Raum, den Blick immer noch auf die Tafel gerichtet. „Und bei einer so langen Liste sollten wir besser sofort anfangen. Wir nehmen sie der Reihe nach vor.

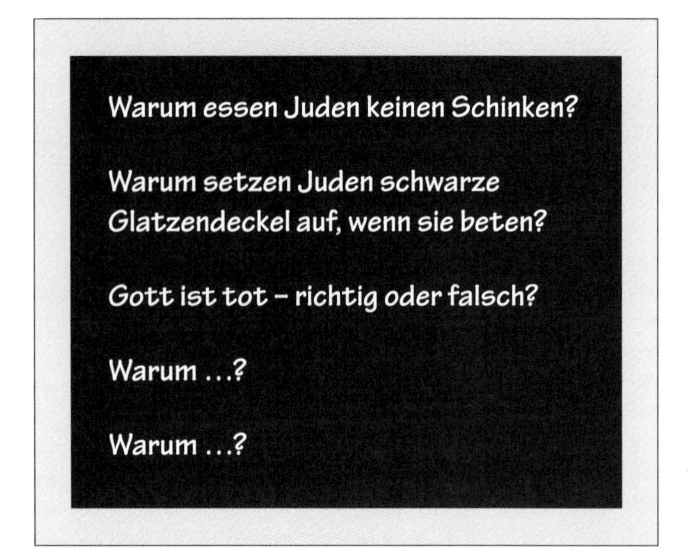

Die erste Frage betrifft den *Schinken:* Das hat mit unseren rituellen Diätvorschriften zu tun. Kurz gefasst, wir dürfen nur das Fleisch von Tieren essen, die paarzehig sind und wiederkäuen. Beide Bedingungen müssen erfüllt sein, um als koscher zu gelten, das heißt als rituell essbar.
Fisch muss Schuppen und Flossen haben, womit sämtliche Schalentiere ausscheiden, Vögel mit gekrümmten Schnäbeln und Klauen – Raubvögel also – sind auch tabu. Es gibt wissenschaftliche Rechtfertigungen für diese Gesetze – gesunde und nahrhafte Tiere sind erlaubt, für Krankheiten anfälligere Tiere, die sich für die menschliche Ernährung weniger eignen, sind verboten – aber das ist eine moderne, vernunftgebundene Erklärung. Nach der Tradition befolgen wir diese Diätgesetze, weil es uns in der Bibel befohlen wird. Da das Schwein kein Wiederkäuer ist, gilt es als unsauber, und daher ist Schinken verboten."

„Ja, aber haben wir nicht mehr gegen das Schwein als gegen andere nichtkoschere Tiere?", fragte Leventhal.

„Das ist richtig, Mr. Leventhal. Wir haben eine besondere Abneigung gegen das Schwein, möglicherweise, weil es einer Reihe heidnischer Völker als Gegenstand der Anbetung diente. Allerdings neige ich zu dem Glauben, dass es einen viel triftigeren Grund gibt. Alle anderen Haustiere dienen während ihres Lebens zum Nutzen eines Menschen. Die Kuh gibt Milch, Schafe liefern Wolle, das Pferd leistet Arbeit und dient der Fortbewegung, der Hund bewacht das Haus, die Katze hält die Mäuse in Schach. Nur das Schwein als einziges aller koscheren und nichtkoscheren Haustiere dient keinem anderen Zweck, als geschlachtet und gegessen zu werden. Nun verbietet unsere Religion Tierquälerei. Tatsächlich gibt es in der Bibel Dutzende von Vorschriften und auch in den Auslegungen der Rabbiner, die verlangen, dass wir Tiere gut behandeln. Man darf Ochsen beim Dreschen nicht das Maul verbinden; ein Esel und ein Ochse dürfen nicht in ein Joch gespannt werden; Arbeitstiere müssen am Sabbat Ruhe haben und die Jagd als Sport ist verboten. Bei einer solchen Einstellung werden Sie sicher verstehen, dass die Aufzucht eines Tieres, nur um es schließlich zu schlachten, uns widerwärtig sein muss."

Zitiert nach: Am Dienstag sah der Rabbi rot, Der Audio Verlag, 2004.

Jüdische Speisegebote

M 20b

1. Was bedeutet „koscher"?

2. Welche Tiere dürfen Juden essen?

☐ Wiederkäuer ☐ Einzelhufer ☐ Fische ohne Flossen & Schuppen

☐ Paarhufer ☐ Fische mit Flossen & Schuppen ☐ Geflügel

3. Dürfen Juden Schweinefleisch essen?

☐ Ja, weil ______

☐ Nein, weil ______

4. Warum befolgen die Juden die Speisegebote?

1. ______

2. ______

5. Zeichne Piktogramme („Verkehrszeichen"), bei denen deutlich wird, welche Speisen Juden nicht essen dürfen.
Wenn du dir unsicher bist, schaue unter 3. Buch Mose 11, 2–42 nach!

Jüdische Speise-gebote

M 21

Ein koscherer* Menüplan

Bibelstellen zur Information über jüdische Speisegebote:

- 3. Buch Mose 11, 2–46 (v. a. Vers 2, 3, 9-11, 13, 41, 42)
- 2. Buch Mose 23, 19

Das muss ich bei der Auswahl der Speisen beachten:

- ______________________________
____
____
- ______________________________
____
____
- ______________________________
____
____
- ______________________________
____
____

Das kann ich bei der Party meinen jüdischen Gästen anbieten:

- ______________________________
- ______________________________
- ______________________________
- ______________________________
- ______________________________

* „Koscher" bedeutet, dass diese Speisen nach der Thora erlaubt sind.

TeNaCH – Die Bücher der Hebräischen Bibel

Thora – Weisung

Bereschit Genesis	**Schemot** Exodus	**Wajiikra** Levitikus	**Bamidbar** Numeri	**Dewarim** Deuter- onomium

Nebiim – Propheten

Josua	Richter	1./2. Samuel	1./2. König	Jesaja	Jeremia	Ezechiel	**Die 12 kleinen Prophe-ten** Hosea Joel Amos Obadja Jona Micha Nahum Habakuk Zefanja Haggai Sacharja Maleachi

Ketubim – Schriften

Psalme	Sprich- wörter	Hiob	Hohes Lied	Ruth	Klagelieder	Kohelet	Ester	Daniel	Esra	Nehemia	1./2. Chronik

Das Alte Testament

Die fünf Bücher Mose

Genesis	Exodus	Levitikus	Numeri	Deutero- nomium

Geschichtsbücher des Volkes Israel

Josua	Richter	Rut	1. Samuel	2. Samuel	1. König	2. König	1. Chronik	2. Chronik	Esra	Nehemia	Ester				

Lehrbücher

Hiob	Psalme	Sprich- wörter	Kohelet	Hohes Lied

Propheten

Jesaja	Jeremia	Klagelieder	Ezechiel	Daniel	Hosea	Joel	Amos	Obadja	Jona	Micha	Nahum	Habakuk	Zefania	Haggai	Sacharia	Maleachi

Die Apokryphen

Tobit	Judit	1. Makka bäer	2. Makka- bäer	Buch der Weisheit	Jesus Sirach	Baruch

M 23

Hebräische Bibel und Altes Testament im Vergleich

Bei der Bibel handelt es sich um kein einheitliches Buch, sondern um eine Sammlung von Büchern, die sich über einen längeren Zeitraum entwickelt hat.
Die Hebräische Bibel und das Alte Testament unterscheiden sich dabei im Wesentlichen in ihrem Aufbau und in ihrem Umfang. So kennt die Hebräische Bibel drei Gruppen von Büchern: die Thora (die fünf Bücher Mose), die Nebiim (die Propheten) und die Ketubim (die Psalmen und Schriften). Die Hebräische Bibel hat außerdem gegenüber dem Alten Testament eine andere Aufteilung und eine andere Zählung der Bücher. So zählen die kleinen Propheten, die Samuel-, Königs- und Chronikbücher jeweils als ein Buch.
Weiterhin werden das Buch Jesus Sirach und die Spätschriften Tobit, Judit, Weisheit, Baruch und 1./2. Makkabäer nicht mehr zur Bibel gezählt. Diese Bücher finden sich bei den Protestanten als Apokryphen wieder, währenddessen sie bei den Katholiken ebenfalls zum Kanon des Alten Testaments gehören.

Folgende Gemeinsamkeiten habe ich festgestellt:

___

Folgende Unterschiede habe ich festgestellt:

	Hebräische Bibel	**Altes Testament**
Aufbau		
Zählung der Bücher		
Umfang		

Die hebräische Bibel wird auch „TeNaCH“ (CH = K) genannt. Dafür habe ich mir folgende Erklärung überlegt:

___

___

___

Zusatz: Wie du sicherlich festgestellt hast, heißen die fünf Bücher Mose in der Hebräischen Bibel anders als im Alten Testament.

Finde mithilfe der folgenden Übersetzung und der Bibel heraus, wie die Juden auf diese anderen Namen kommen. (Tipp: Schau dir jeweils die erste Seite der 5 Bücher Mose an.)

Altes Testament	1. Mose	2. Mose	3. Mose	4. Mose	5. Mose
Hebräische Bibel	Bereschit	Schemot	Wajikra	Bamidbar	Dewarim
Übersetzung	„Am Anfang“	„Die Namen“	„Er rief“	„In der Wüste“	„Die Worte“

Die fünf Bücher Mose heißen in der Hebräischen Bibel Bereschit, Schemot, Wajikra, Bamidbar und Dewarim, weil …

___

___

Die Thora

In der jüdischen Tradition hat die Thora eine herausragende Bedeutung unter den biblischen Büchern. Da die Thora die grundlegende Offenbarung Gottes ist, müssen alle weiteren Offenbarungen und die mündliche und schriftliche Bibelauslegung sich auf die Thora beziehen und sich an ihr messen lassen.

Die Thora verkündet Gottes Willen und erzählt die Geschichte des jüdischen Volkes. Sie beinhaltet die Erzählungen, wie Gott seine Geschichte mit dem Volk Israel begann, wie er es aus ägyptischer Gefangenschaft befreite und durch die Wüste in sein eigenes Land führte.

Das ganze Leben eines gläubigen Juden wird von der Thora bestimmt. Sie enthält 365 Verbote und 248 Gebote, die das Verhältnis der Menschen zu Gott, aber auch das Verhältnis der Menschen untereinander regeln. Wegen der vielen Ver- und Gebote wird das Wort Thora oft mit „Gesetz" übersetzt. So entsteht der Eindruck, dass die Thora eine Einengung und drückende Last für die Juden bedeutet. Dies ist jedoch ein Missverständnis. Beide Zahlen haben Symbolcharakter. So steht 365 für die Tage des Sonnenjahres und 248 für die Glieder des menschlichen Körpers, womit ausgedrückt werden soll, dass der gesamte Mensch mit seiner gesamten Zeit versucht, dem Willen Gottes zu folgen. Die Thora ist Weisung für ein gutes Leben und wird als Geschenk Gottes an sein Volk angesehen, als Ausdruck seiner Liebe zum Volk Israel. Mithilfe dieses „Geschenkes" ist es den Menschen möglich, ein gutes, erfülltes Leben zu führen. Die Juden ehren die Thora und freuen sich so sehr über sie, dass sie sogar ein Fest feiern, an dem sie sich ausgelassen über die Thora freuen und das deshalb „Fest der Thorafreude" (Simchat Thora) heißt.

In jedem Synagogengottesdienst wird ein Abschnitt aus der Thora vorgelesen. Zu diesem Zweck besitzt jede Synagoge eine oder mehrere Thorarollen. Dabei handelt es sich um Pergamentrollen, auf denen sich die fünf Bücher Mose befinden. Die Rollen werden noch heute von Hand geschrieben und es dauert oft Jahre, eine abzuschreiben. Da das Wort Gottes wertvoll und heilig ist, werden dafür extra Schreiber ausgebildet, damit sie beim Abschreiben keine Fehler machen. So müssen z. B. alle Buchstaben abgezählt werden, um sicher zu sein, dass alles richtig ist. Außerdem werden spezielles Schreibwerkzeug und spezielle Tinte zum Abschreiben verwendet. Die Thorarollen werden immer auf Hebräisch geschrieben und in dieser Sprache vorgelesen, egal in welchem Land aus der Rolle gelesen wird. Nach alter Tradition wird eine Übersetzung danebengestellt. Diese wurde früher mündlich vorgetragen. Heute wird sie meist in einem zweisprachigen Buch zum Mitlesen bereitgestellt.

Der Sabbatgottesdienst läuft immer nach dem gleichen Schema ab. So beginnt er mit dem Ausheben der Thorarolle (Herausnehmen aus dem Thoraschrein), wobei gesungen und gebetet wird. Währenddessen wird die Thorarolle in einer feierlichen Prozession durch die Synagoge zur Bima (Lesepult) getragen. Danach findet die Lesung aus der Thora statt. Dabei handelt es sich um sieben Abschnitte, die durch sieben Gemeindemitglieder vorgetragen werden, die zuvor aufgerufen wurden. Vor jedem Abschnitt werden Segensgebete und ein Segensspruch gesprochen. Nach der Thoralesung folgen eine Lesung aus den Prophetenbüchern, Gebete sowie weitere Segenssprüche. Am Ende des Gottesdienstes wird die Thora hochgehoben und allen gezeigt, bevor sie wieder eingehoben (in den Thoraschrein zurückgestellt) wird. Danach schließt der Gottesdienst mit dem Sabbatpsalm (Psalm 92).

Damit die Thora beim Ein- und Ausheben geschützt wird, ist sie mit einem kostbaren, reich bestickten Stoff umhüllt, dem Thoramantel. Da die Thora als der heiligste Gegenstand gilt, wird sie mit der silbernen Thorakrone, dem königlichen Symbol, als Zeichen der königlichen Würde geschmückt. Auf den Rollstäben der Thora befinden sich als Schmuck dekorative Kronen mit Glöckchen. Weiterhin wird die Thora mit dem Thoraschild, auf dem Thorasprüche stehen, geschmückt. Dabei handelt es sich um ein etwa 20–25 cm langes, aus Silber hergestelltes Schild, das mit einer Kette an den Rollstäben der Thora befestigt ist. Wenn der Text in der Synagoge vorgelesen wird, darf der Leser ihn nicht berühren. Damit er sich nicht in der Zeile irrt, gibt es die Jad. Dabei handelt es sich um einen etwa 20 cm langen, silbernen Zeigestab, dessen Ende die Form einer Hand mit ausgestrecktem Zeigefinger hat. Mit diesem fährt man beim Lesen die Zeilen entlang, um in der richtigen Zeile zu bleiben.

Die Bedeutung der Thora für die Juden

		1	2	3	4	5	6	7	8	9	10	11	12	13	14	15	16
A Die Thora ist ein … Gottes.	**A**							8									
B Die … hat die Thora als wichtigsten Teil.	**B**		14									■				2	
C Sie beinhaltet … und bestimmt das Leben der Juden.	**C**	9						&						13			
D Die Juden sehen die Thora als … für ein gutes Leben.	**D**							10									
E Aus Freude über die Thora feiern die Juden jedes Jahr …	**E**							12	■					5			
F Jede Synagoge besitzt eine …	**F**			1													
G In der Synagoge wird die Thorarolle im … aufbewahrt.	**G**			11			15										
H Im Gottesdienst steht die Thora im …	**H**								7								
I Beim … der Thorarolle wird gesungen, gebetet und gefeiert.	**I**								3								
J Während des Gottesdienstes wird sieben Mal aus der Thora gelesen. Daran schließen sich … an.	**J**									6							
K Beim … wird die Thora noch einmal allen Gottesdienstbesuchern gezeigt.	**K**						4										

ü bleibt ü, ä bleibt ä usw.

Aus diesem Grund ist die Thora so wichtig für die Juden: Sie ist die …

1			2	3	4	5	6	7	8	9
	F	F								

10	11	12	13	14	15

Beschrifte:

Spielanleitung: Wer wird Thorameister?

M 25a

Wie ihr bereits wisst, ist die Thora die wichtigste Schrift der Juden. Aber wisst ihr auch, was darin steht? Wie „Thora-fit" ihr wirklich seid, könnt ihr in dem folgenden Spiel austesten.

Das braucht ihr:

- 3 Spieler
- Fragekarten

Und so geht's:

- Mischt die Karten gut durch und legt sie in die Mitte.
- Es wird immer der Reihe nach gezogen. Derjenige, der die Karte zieht, liest den anderen die Frage vor. Wer als Erster antwortet, gewinnt die Karte. Dann zieht der Nächste usw.
- Kann die Frage nicht beantwortet werden, wird die Karte wieder unter den Stapel gelegt. Dann habt ihr beim nächsten Mal noch eine Chance.
- Damit ihr auch wisst, ob ihr mit eurer Lösung richtig liegt, findet ihr auf der Fragekarte die Antwort.
- Wer am Ende die meisten Karten hat, gewinnt.

Also dann, an die Karten … und los!

Spielkarten

M 25b

Wen machte Gott in der Schöpfungsgeschichte zu seinem Ebenbild? Adam und Eva 1. Mose	**Was schuf Gott am ersten Schöpfungstag?** Das Licht 1. Mose	**Welches Tier sprach zu seinem Besitzer Bileam?** Ein Esel. Dieser sprach zu Bileam, weil er den vor ihm stehenden Engel nicht bemerkte. 4. Mose	**Wer sollte Nachkommen so unzählbar wie die Sterne am Himmel haben und wurde Freund Gottes genannt?** Abraham (Stammvater der Ismaeliten und Israeliten) 1. Mose

Wer musste als Sklave und Gefangener in Ägypten leben, bevor er zum zweitmächtigsten Mann Ägyptens wurde? Josef (Er wurde von seinen Brüdern verkauft. Später wurde er Vizekanzler des Königs.) 1. Mose	**Wer hat die Bauanleitung für die Arche erstellt?** Gott (Er gab Noah die genauen Angaben, wie die Arche aussehen und welche Maße sie haben sollte.) 1. Mose	**Welche Tiere hütete Rahel, als sie Jakob zum ersten Mal begegnete?** Schafe (Jakob verliebte sich in Rahel und heiratete sie. Ihre gemeinsamen Kinder waren Josef und Benjamin.) 1. Mose	**Wer kämpfte mit einem Engel und wurde dabei verletzt?** Jakob (Er verletzte sich an der Hüfte.) 1. Mose
Auf welchem Berg erhielt Mose von Gott die Steintafeln mit den Zehn Geboten? Auf dem Berg Sinai. 2. Mose	**Wer kehrte dem Königshof in Ägypten den Rücken und wurde viele Jahre später zum größten Anführer der Israeliten?** Mose (Gott gab ihm den Auftrag, die Israeliten aus der ägyptischen Sklaverei zu befreien.) 2. Mose	**Mit welchem Tier erinnerte Gott die Israeliten daran, dass er sich bei dem Auszug aus Ägypten genauso um sie gekümmert hatte wie eine (Tier-)mutter um ihre Jungen?** Adler 5. Mose	**Welche Wegweiser hatten die Israeliten, als sie durch die Wüste zogen?** Wolken- und Feuersäule (Wolke bei Tag, Feuer bei Nacht) 2. Mose
Welche Tiere waren Teil der achten Plage, die die ganze Vegetation Ägyptens vernichtete? Heuschrecken 2. Mose	Schätzfrage: **Wie viele Kilometer beträgt die Strecke, die Abraham von seiner Heimat in das verheißene Land zurücklegte?** ca. 2400 km	**Was tat Gott, um die Menschen vom Bau des Turms von Babel abzuhalten?** Er gab ihnen verschiedene Sprachen, damit sie einander nicht mehr verstehen konnten. 1. Mose	**In welchen beiden Büchern stehen die Zehn Gebote?** 2. Mose und 5. Mose (Exodus und Deuteronomium)
Wer verließ mit seiner Familie und allem Hab und Gut auf den Ruf Gottes hin seine Heimat, ohne zu wissen, wo er hinreisen würde? Abraham 1. Mose	**Welches Tier sollte den Israeliten am Versöhnungstag in die Wüste geschickt werden und als Sühneopfer die gesamte Schuld des Volkes mit in die Wüste nehmen?** Ziegenbock 3. Mose	**Welche beiden Männer kann man als die größten Traumdeuter bezeichnen?** Josef und Daniel	**Wie hießen die Zwillingsbrüder, die so verschieden waren?** Jakob und Esau 1. Mose

Wer war der erste Mörder der Bibel? Kain (Er tötete seinen Bruder Abel aus Eifersucht.) 1. Mose	**Mit welchen beiden Wunderzeichen sollte Mose den Obersten der Israeliten demonstrieren, dass er in der Vollmacht Gottes handelte?** Hirtenstab, der zur Schlange wurde, und aussätzige Hand 2. Mose	**Welche Frau bezichtigte Josef der Vergewaltigung und brachte ihn damit ins Gefängnis?** Potifars Frau (Hatte vergeblich versucht, Josef zu verführen.) 1. Mose	**Wer wird zum Nachfolger Moses ernannt?** Josua (Er führt die Israeliten in das verheißene Land.) 4. Mose
Warum zerschmetterte Mose die beiden Steintafeln mit den Zehn Geboten, die von Gott beschrieben waren? Die Israeliten beteten ein goldenes Kalb an. 2. Mose	**Welche Strafe verhängte Gott, weil das Volk der Israeliten nach der Rückkehr der 12 Kundschafter Angst hatte, das Land Kanaan einzunehmen?** Das Volk musste weitere 38 Jahre durch die Wüste wandern, sodass es insgesamt 40 Jahre wurden. 4. Mose	**Wer erhielt von Gott den Namen „Israel"?** Jakob (Seine 12 Söhne sind die 12 Stämme Israels.) 1. Mose	**Welches besondere Zeichen gab Gott Noah, um den Bund, den er mit den Menschen geschlossen hatte, sichtbar zu bekräftigen?** Regenbogen 1. Mose
Auf welche beiden Städte fiel wegen der Gottlosigkeit ihrer Einwohner Feuer und Schwefel? Sodom und Gomorrha 1. Mose	Schätzfrage: **Wie viele Israeliten mussten durch eine Plage sterben, weil sie nach dem Tod der so genannten „Rotte Korach" gegen Mose und Aaron rebellierten?** 14.700 (Anlass: Priesteramt Aarons wurde in Frage gestellt) 4. Mose	**Mit welchen Vögeln versorgte Gott die Israeliten während der Wüstenwanderung?** Wachteln 4. Mose	**Wer ließ alle männlichen Nachkommen der hebräischen Sklaven im Nil ertränken?** der Pharao (Er hatte Angst, dass das Volk zu groß wird.) 2. Mose
Wie hieß der Bruder von Mose und Mirjam, den Gott zum obersten Priester der Israeliten bestimmte? Aaron (Er war Moses Sprecher.) 2. Mose	**In welchem Buch berichtet Mose über den Auszug aus Ägypten und die Wüstenwanderung?** 2. Mose und 5. Mose	**Welches wichtige Fest der Juden wurde vor der letzten Plage in Ägypten von Gott eingeführt?** Pessach 2. Mose	**Welche Gesetze findet man im 3. Buch Mose?** Opfer- und Speisevorschriften Reinheitsgesetze Gebot der Nächstenliebe 3. Mose

Aufbau der Thora

D	**Genesis**
I	Die Schöpfungserzählungen
E	Geschichten um Adam und Eva
	Die Noahgeschichte
T	Der Turmbau zu Babel
H	Vätererzählungen: Abraham, Isaak, Jakob
O	Josefgeschichte
R	**Exodus**
A	Versklavung/Unterdrückung der Israeliten in Ägypten
	Die Berufung Moses
–	Befreiung Israels (Plagen, 1. Pessach)
	Die Zeit in der Wüste
D	Der Sinaibund (Zehn Gebote)
I	Das Goldene Kalb – Bruch und Erneuerung des Bundes
E	**Levitikus**
	Die Opfergesetze
F	Einführung der Priesterschaft
U	Reinheitsgesetze
E	Speisevorschriften
N	Festkalender
F	**Numeri**
	Die 12 Stämme Israel
B	Die Wüstenwanderung
U	Josua wird Nachfolger Moses
E	Opfervorschriften
C	Verteilung des Ostjordanlandes
H	Landverheißung
E	**Deuteronomium**
R	Die Reden Moses über den Auszug
	Gesetze und Anordnungen
M	Kultgesetze
O	Josua
S	letzte Predigt Moses
E	Der Tod Moses

Jüdische und christliche Lebensfeste

M 27a

Anleitung – Kartenspiel

Für zwei Spieler

Und so geht's:

- Mischt alle Karten gut durch und verteilt an jeden Spieler zwei Karten.
- Legt die restlichen Karten als Stapel in die Mitte.
- Ziel des Spieles ist es, so viele Paare wie möglich zu sammeln. Paare sind z. B. „Beschneidung/Brit Mila **A1**" und „Beschneidung/Brit Mila **A2**", „Tauchbad/Tewilá **C1**" und „Tauchbad/Tewilá **C2**", D1 und D2, E1 und E2 usw.
- Ein Spieler fragt einen Mitspieler, ob dieser die gesuchte Karte besitzt. Dabei nennt er den Namen der Karte und des Paares (z. B. „I Hochzeit G1 Chuppa"). Je nach Antwort geschieht Folgendes:
  - Der Mitspieler besitzt die Karte. → Der Fragende bekommt diese, kann wieder einen Mitspieler fragen.
  - Der Mitspieler besitzt die Karte *nicht*. → Der Fragende zieht eine Karte aus der Mitte. Der gefragte Mitspieler ist an der Reihe.
- Wer ein Paar hat, legt dieses auf dem Tisch ab.
- Das Spiel ist zu Ende, wenn keiner mehr Karten in der Hand hat.
- Der Spieler mit den meisten Paaren hat gewonnen.

Viel Spaß!

Ausschneidebogen zu M 28b
Lebensfeste im Judentum

M 28a

ständige Wache am Sterbebett	7-tägige Trauerzeit mit Trauerriten
Zertreten eines Glases als Erinnerung an den zerstörten Tempel	Junge liest zum ersten Mal in der Synagoge aus der Thora
jüdisches Gesetz wird verpflichtend	Sprechen des „Schma' Israel" vor dem Tod
biblischer Brauch, Zeichen des Bundes zwischen Gott und den Menschen	Jungen bekommen ihren Namen
Beerdigung im schlichten Holzsarg, innerhalb von drei Tagen	Mädchen erhalten Namen im Sabbatgottesdienst nach ihrer Geburt
Jungen im Alter von acht Tagen	Abschluss eines Ehevertrags (Ketuba)
Mädchen werden an ihrem 12. Geburtstag Bat-Mizwa	Jungen werden mit 13 Jahren religiös mündig, gehören nun zum Minjan
Eheversprechen in Anwesenheit von zwei Zeugen	Trauung in der Synagoge von einem Rabbiner unter einer Chuppa (Brauthimmel aus Baldachin)

M 27b

Quartettkarten

A1 — **I Beschneidung/Brit Mila**

Jüdische Jungen werden im Alter von acht Tagen beschnitten.

1. 8 Tage
2. Bund mit Gott

A2 — **I Beschneidung/Brit Mila**

Die Beschneidung ist ein biblischer Brauch. Es ist das Zeichen des Bundes zwischen Gott und dem Menschen.

1. 8 Tage
2. Bund mit Gott

B1 — **II Beschneidung/Brit Mila**

Am Tag ihrer Beschneidung erhalten die Jungen ihren Namen.

1. Namensgebung
2. Mädchen: Sabbatgottesdienst

B2 — **II Beschneidung/Brit Mila**

Die Mädchen erhalten ihren Namen im Sabbatgottesdienst nach ihrer Geburt.

1. Namensgebung
2. Mädchen: Sabbatgottesdienst

C1 — **I Tauchbad/Tewilá**

Im Judentum gibt es ein Tauchbad.

1. Tauchbad
2. Rituelle Reinigung

C2 — **I Tauchbad/Tewilá**

In dem Tauchbad werden rituelle Reinigungen durchgeführt.

1. Tauchbad
2. Rituelle Reinigung

D1 — **II Tauchbad/Tewilá**

Wenn jemand zum Judentum übertreten will, nimmt er zuvor ein Tauchbad, um sich rituell zu reinigen.

1. Übertritt zum Judentum
2. Nach Geburt, vor Festtagen, Geschirr

D2 — **II Tauchbad/Tewilá**

Die Juden nutzen das Bad auch vor Festtagen. Frauen baden außerdem nach der Periode oder Geburt darin. Des Weiteren wird auch neues Geschirr rituell gereinigt.

1. Übertritt zum Judentum
2. Nach Geburt, vor Festtagen, Geschirr

I Bar Mizwa und Bat Mizwa — E1

Mit 13 Jahren erhalten die Jungen ihre Bar Mizwa.

1. 13 Jahre
2. religiöse Mündigkeit

I Bar Mizwa und Bat Mizwa — E2

Jüdische Jungen sind nun religiös mündig und gehören zum Minjan, d.h., dass bei Gottesdiensten immer zehn Männer anwesend sein müssen.

1. 13 Jahre
2. religiöse Mündigkeit

II Bar Mizwa und Bat Mizwa — F1

Von nun an sind die jüdischen Gesetze für die jüdischen Jungen verpflichtend. An diesem Tag liest der Junge z.B. zum ersten Mal in der Synagoge aus der Thora.

1. jüdische Gesetze
2. Mädchen: Bat Mizwa

II Bar Mizwa und Bat Mizwa — F2

Mädchen werden an ihrem 12. Geburtstag Bat Mizwa. Damit übernehmen sie ebenfalls ihre religiösen Rechte und Pflichten.

1. jüdische Gesetze
2. Mädchen: Bat Mizwa

I Hochzeit — G1

Die Trauung wird von einem Rabbiner durchgeführt und findet unter einer Chuppa statt. Eine Chuppa ist ein Trauhimmel aus Baldachin.

1. Chuppa
2. Eheversprechen

I Hochzeit — G2

Das Eheversprechen des Brautpaares wird in Anwesenheit von zwei Zeugen abgelegt.

1. Chuppa
2. Eheversprechen

II Hochzeit — H1

Währende der Trauung wird ein Ehevertrag abgeschlossen. Diesen nennt man „Ketuba“.

1. Ketuba
2. Zertreten eines Glases

II Hochzeit — H2

Durch das Zertreten eines Glases am Ende der Trauzeremonie wird an die Zerstörung des Tempels erinnert.

1. Ketuba
2. Zertreten eines Glases

I Tod und Begräbnis (I1)	I Tod und Begräbnis (I2)	II Tod und Begräbnis (J1)	II Tod und Begräbnis (J2)
Juden halten am Bett eines Sterbenden ständig Wache.	Kurz vor dem Tod wird das „Schma' Israel", das wichtigste jüdische Gebet, gesprochen.	Die Beerdigung findet in einem schlichten Holzsarg innerhalb von drei Tagen statt.	Nach der Beerdigung folgt eine siebentägige Trauerzeit, ein Trauermonat und das Trauerjahr mit entsprechenden Riten.
1. Wache am Sterbebett 2. Schm'a Jisra'el	1. Wache am Sterbebett **2. Schm'a Jisra'el**	**1. Beerdigung** 2. Trauer	1. Beerdigung **2. Trauer**

Lebensfeste im Judentum

M 28b

Beschneidung/Brit Mila

PLATZ ZUM AUFKLEBEN

Warum werden christliche Jungen nicht beschnitten, obwohl Jesus auch Jude war? Lies dazu Apg 15, 1–11, 22–31 und Mt 28, 18–20.

Bar Mizwa/Bat Mizwa

Welche Unterschiede gibt es zwischen Bar Mizwa und Firmung bzw. Konfirmation?

PLATZ ZUM AUFKLEBEN

Hochzeit

PLATZ ZUM AUFKLEBEN

Am Ende der Trauung rufen alle Gäste:

„Masel Tow".

Dies heißt übersetzt: „Viel Glück".

Tod und Beerdigung

Auf jüdischen Friedhöfen sind die Grabsteine immer nach Osten ausgerichtet. Überlege, welche Bedeutung dahintersteckt.

PLATZ ZUM AUFKLEBEN

M 29a Die Beschneidung

Einer hatte Dan während der Bar-Mizwa-Feier ganz besonders bewundert; das war sein Freund Rainer aus Berlin.
Er konnte zwar nichts verstehen, weil alles in Hebräisch gesprochen und gesungen wurde, aber sein Vater hatte ihm vorher erklärt, worum es ging: „Ein Glück, dass ich bei meiner Konfirmation keine Predigt halten muss", hatte Rainer gedacht, als Dan bei Tisch seinen kurzen Vortrag hielt.
Nach dem Abendessen saßen alle um den großen Familientisch und sahen sich Bilder aus vergangenen Jahren an.
„Seht mal hier!", rief Lea, „Dan am Tag seiner Beschneidung!" Ein pausbackiges Babygesicht war auf dem Foto zu sehen. „Wie niedlich er doch damals war!", neckte Lea ihren kleinen Bruder. Alle lachten.
Rainer stutzte: Beschneidung? Davon hatte er noch nichts gehört. „Was für eine Beschneidung denn?", fragte er Dan. „Die Beschneidung ist für uns Juden so wichtig wie für euch Christen die Taufe", antwortete Dan. „Nur wer beschnitten ist, ist wirklich Jude. Am achten Tag nach der Geburt wird jeder jüdische Junge beschnitten: Die Vorhaut seines Gliedes wird abgeschnitten. Das ist das ‚Zeichen des Bundes' zwischen Gott und dem Volk Israel. Es ist ein Zeichen am Leib, weil nicht nur unsere Seele Gott gehört, sondern auch unser Körper."
„Tut das denn nicht weh?", erkundigte sich Rainer.
„Sicherlich tut das ein bisschen weh, aber das ist nicht so schlimm, wie du vielleicht denkst. Es gibt auch viele Nichtjuden, die ihre Söhne beschneiden lassen, um Entzündungen unter der Vorhaut zu verhüten. Aber bei uns ist es das Bundeszeichen, das wir annehmen, weil Gott es so will." Dan war wirklich ein Bar Mizwa! Wie gut er auf alle Fragen Antwort wusste! Aber Rainer wollte noch mehr wissen.
„Und was ist mit den Mädchen?", fragte er etwas zögernd. „Die können doch nicht beschnitten werden? Sind die dann keine echten Juden?" „Natürlich sind jüdische Mädchen genauso Juden wie jüdische Jungen. Die Beschneidung ist eben ein Gebot, das nur auf die Männer zutrifft. Für Frauen gibt es auch besondere Vorschriften und Gebote, die nur sie betreffen und nicht die Männer. Die Frau hat beispielsweise die Aufgabe, zu Hause das Sabbatlicht anzuzünden und den Lobpreis dazu zu sprechen."
Dans Mutter hatte dem Gespräch zugehört. „Mann und Frau sind verschieden", sagte sie, „darum ist es doch ganz normal, dass es auch unterschiedliche Aufgaben und Gebote für sie gibt. Mädchen kann man nicht beschneiden, aber darum sind sie doch nicht weniger Juden als die Jungen. Am achten Tag nach seiner Geburt bekommt das Mädchen seinen Namen genau wie der Junge und wir feiern diesen Tag genauso wie den Beschneidungstag des Jungen."

Frage:
Warum werden christliche Jungen nicht beschnitten, obwohl Jesus auch Jude war? Lies dazu Apg 15, 1–11 und Mt 28, 18–20.

Bar Mizwa

M 29b

„Jetzt kommt die Überraschung!", verriet mir Friedrich. Er schien sehr aufgeregt. Herr Schneider zog ihn beruhigend an sich. Er klopfte ihm ermutigend auf die Schulter und strich ihm über das Haar.
Am Betpult nahm man der Thora die Krone, den Schild und den Umhang ab. Die
5 schwere, handgeschriebene Pergamentrolle wurde auf das Pult gelegt. Nacheinander lud der Rabbiner sieben Männer aus der Gemeinde zu sich. Als letzten rief er Friedrich auf.
Herr Schneider legte Friedrich beide Hände auf die Schultern. Stolz blickte er seinem Sohn in die Augen, dann schickte er ihn zum Rabbiner. Auch der Rabbiner begrüßte
10 Friedrich viel feierlicher als die anderen Männer.
„Er ist zum ersten Mal in seinem Leben zum Wochenabschnitt aufgerufen!", sagte Herr Schneider stolz zu mir. „Nachher darf er auch noch den Propheten-Abschnitt lesen."
Wie die anderen berührte auch Friedrich die Thorastelle, die der Rabbiner ihm wies,
15 mit dem Tallit und küsste diesen dann. Dann sang er die Einleitung. Aber während bei den anderen der Vorbeter den eigentlichen Thora-Abschnitt gesungen hatte, übernahm Friedrich den silbernen Stift, führte ihn von rechts nach links die Zeilen entlang und sang seinen Thora-Abschnitt allein. Nachdem Friedrich seinen Thora-Abschnitt schnell und sicher gesungen hatte, berührte er die letzte Stelle wieder mit seinem
20 Tallit und den Tallit mit seinem Mund.
Während die Thorarollen wieder mit ihrem Schmuck versehen wurden, las er aus einem dicken Buch den Propheten-Abschnitt. Dann kam er zu uns an seinen Platz zurück. Wie zu Beginn nahm der Rabbiner wieder die Thorarolle und zog mit ihr durch den Raum. Und wieder drängten sich die Gläubigen zu dem Heiligtum hin.
25 Der Rabbiner hob die Rolle in die Lade, betete noch vor der Lade und verschloss dann die kleine Tür. Danach trat er vor die Gemeinde und hielt eine kurze Predigt. Zum ersten Mal, seit ich in der Synagoge war, sprach er deutsch. Diese Predigt galt nur Friedrich; sie zeichnete ihn vor allen Anwesenden aus. Immer wieder schauten einzelne Männer zu Friedrich hin. Sie nickten ihm lachend und glückwünschend zu.
30 „Heute, eine Woche nach deinem dreizehnten Geburtstag", sagte der Rabbiner, „bist du zum ersten Mal in deinem Leben aufgerufen worden, vor der Gemeinde einen Abschnitt aus der Thora vorzulesen. Für jeden Juden ist es eine ganz besondere Ehre, die Heilige Schrift verkünden zu dürfen. Der Tag aber, an dem dies zum ersten Mal geschieht, ist ein besonderer Tag. Damit beginnt ein neuer Abschnitt deines Lebens.
35 Von jetzt an bist du allein vor dem Herrn für dein Tun verantwortlich. Bis heute hat dein Vater diese Verantwortung getragen, aber von heute an stehst du als gleichwertiges Mitglied der Gemeinde unter uns. Bedenke das!
Befolge die Gebote des Herrn! Niemand kann dir die Schuld abnehmen, wenn du gegen sie verstößt. In einer schweren Zeit nimmst du eine schwere Pflicht auf dich. Wir
40 sind vom Herrn auserwählt, dereinst vom Messias in unsere Heimat zurückgeführt zu werden und das Königtum des Messias aufrichten zu helfen. Aber Gott hat uns auch das schwere Schicksal bestimmt, bis zu jenem Tage verfolgt und gepeinigt zu werden. Immer wieder müssen wir uns daran erinnern, dass Gott uns dieses Schicksal auferlegt hat. Wir dürfen und können ihm nicht ausweichen, auch dann nicht, wenn wir glau-
45 ben, darunter zusammenbrechen zu müssen. Bedenket, die heilige Thora fordert …".
Und der Rabbiner beendete seine Predigt mit einem Satz auf Hebräisch. Bald danach schloss der Gottesdienst mit einem gemeinsamen Lied.

Hochzeit

„Es fängt an! Die Zeremonie beginnt!", lief es flüsternd durch den Raum. Eilig nahmen die Gäste ihre Plätze ein. Auf ein Zeichen trugen Tempeldiener den Chuppah herein, den Brauthimmel, der das Haus symbolisierte, in dem das Paar wohnen würde. Er war aus roter Seide mit feiner Goldstickerei und wurde auf Stangen getragen, die sich an 5 seinen vier Ecken befanden. Nun übernahmen ihn vier Hochzeitsgäste.
Die Lichter verglommen. Es wurde ganz still. An der Tür stand der Hochzeitszug bereit. Und dann begann der feierliche Umzug.
Onkel Hyman hatte keine Mutter mehr, die ihn hätte zum Altar führen können; so ging Mama neben ihm unter dem Baldachin. Es gab keinen Brautvater, der Rachel 10 hätte weggeben können, so vertrat Papa die Stelle des Brautvaters. Rachel hatte den Schleier über ihr Gesicht gezogen, die Schleppe des Brautkleides hinter sich, stützte sie sich auf Papas Arm.
Langsam, unsicher begann sie den langen Weg. Die Gäste sahen ihr freundlich und wohlwollend zu, als Rachel ein wenig schwerfällig dahinging, ihr lahmes Bein nach- 15 ziehend. Rachel aber hatte für nichts ringsum Augen. Sie trug den Kopf hoch und stolz. Sie blickte nur auf den Brauthimmel, unter dem Onkel Hyman auf sie wartete. Tapfer versuchte sie, ihren Schritt den Klängen der Musik anzupassen.
„Pst!" winkte jemand heftig den Musikern. „Langsamer, spielt langsamer!"
Die Musiker begriffen sogleich. Der Hochzeitsmarsch zog sich in die Länge. Hinter 20 Rachel folgten langsam die Brautjungfern und ihre Begleiter.
Endlich war Rachel unter der Chuppah angelangt. Die Musik verstummte. Die Braut wurde siebenmal um den Bräutigam geführt und dann begann die Hochzeitszeremonie.
Der Rabbi hob einen Kelch mit Wein und sprach den Segen. Er bot Braut und Bräu- 25 tigam den Kelch an und beide nippten sie an dem Wein. Ein schmuckloser Goldring wurde an Rachels linke Hand gesteckt. Sie erhielt den Hochzeitskontrakt*, und der Rabbi sprach sieben Hochzeitsgebete. Er erhob einen zweiten Kelch mit Wein und sprach einen Segensspruch. Wieder trank das Paar. Diese beiden Kelche bedeuteten den Trank der Freude und den Trank der Sorgen.
30 Dann wurde ein Glas auf den Fußboden gestellt. Onkel Hyman musste darauf treten und es unter seinem Fuß zerbrechen. Das brachte Glück. Er hob den Fuß. Die Schwestern hielten den Atem an. Wenn er das Glas mit einem einzigen Tritt zerklirren konnte, bedeutete das besonderes Glück! Und schon klirrte und knirschte das Glas unter Hymans Ferse. Lauter Beifall erklang rundherum.
35 Der Rabbi segnete das Paar und Onkel Hyman küsste die Braut. Plötzlich wurde ein Oberlicht-Fenster aufgestoßen und aus einem Käfig wurden Tauben hereingelassen. Wirbelnd und flügelrauschend kamen sie heruntergeflogen und kreisten rund um den Brauthimmel.
Die Lichter flammten wieder auf. Die Musikanten begannen, fröhlich zu spielen und 40 der Saal widerhallte von Glückwünschen. „Mazel tov! Mazel tov!" Das heißt: Viel Glück! Die Leute stürzten auf das Brautpaar zu, um dem Bräutigam die Hand zu schütteln und die Frau zu küssen – die nun Mann und Frau waren.

* Dabei handelt es sich um einen Ehevertrag (Ketuba), der von den Brautleuten unterschrieben werden muss.

Puzzle zum jüdischen Gebet

M 30

An den Türpfosten von Haustüren, aber auch an Stadttoren werden Kapseln mit den ersten Versen des Schma' Israel auf Pergament befestigt. Diese Kapseln werden **Mesusa** genannt.

Die **Mesusa** erinnert an die Allgegenwart Gottes, durch die das Haus gesegnet wird. Aus diesem Grund wird die Kapsel beim Hinein- bzw. Hinausgehen mit der Hand berührt oder geküsst.

Beim Gebet und in der Synagoge tragen Juden ein kleines, meist schön verziertes Käppchen, die **Kippa**.

Die **Kippa** verhindert, dass der einfache Mensch unbedeckt vor den Herrn tritt.

Beim Gebet tragen die Juden den **Tallit**. Dabei handelt es sich um einen weißen Gebetsschal aus Wolle oder Seide mit Quasten an den Zipfeln.

Der **Tallit** steht als Zeichen, dass der Betende ganz von den Geboten Gottes, die das Leben erhalten, umhüllt sein will.

Tefillin sind Gebetsriemen, an denen zwei Kapseln befestigt sind. Der Riemen wird aus Leder angefertigt. Die Kapseln enthalten kleine Pergamentrollen mit dem „Schma' Israel".

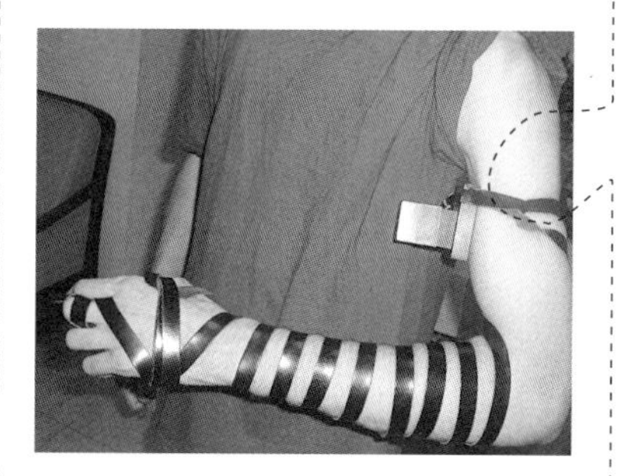

Die **Tefillin** müssen über den linken Arm, gegenüber dem Herzen und über den Kopf angelegt werden. Dies soll zum Ausdruck bringen, dass Geist und Gefühl, Verstand und Herz sowie das Handeln des Menschen in den Dienst Gottes zu nehmen sind.

Das **Schma' Israel** (deutsch: Höre Israel) ist das Glaubensbekenntnis der Juden, stammt aus der Thora und drückt die Zusammengehörigkeit von Gott und seinem Volk aus. Der Text enthält den wichtigsten Glaubensgrundsatz: Es gibt nur einen Gott.

„Höre Israel, der Ewige unser Gott, der Ewige ist einzig …"

Das **Schma' Israel** wird von gläubigen Juden zweimal am Tag, morgens und abends, gebetet. Im Schma' Israel befinden sich außerdem die Gebetsanweisungen (z. B. Tefillin).

Gebet

M 31 Leistungskontrolle eines Schülers zum jüdischen Gebet

Nach der Behandlung der jüdischen Gebete in der Klasse 8a hat die Lehrerin eine unangekündigte Leistungskontrolle geschrieben. Max hat es dabei ganz schön erwischt. Er wusste zwar noch Einiges, aber es haben sich Fehler eingeschlichen. Streiche die Fehler an und korrigiere diese am Rand. Bei Aufgabe 5 ergänze die noch fehlende Begründung.

Name: Max Unsicher, Klasse 8a

Leistungskontrolle – Jüdisches Gebet

1. Wie heißt das Glaubensbekenntnis der Juden und welche Bedeutung hat es?

Das Glaubensbekenntnis heißt Schma' Israel. Es hat große Bedeutung für die Juden, da darin steht, dass es ganz viele Götter gibt und es die Zusammengehörigkeit zwischen Gott und dem Volk Israel ausdrückt.

2. Wie oft und wann beten die Juden das Glaubensbekenntnis?

Die Juden beten es zu jeder Tageszeit, wenn es ihnen einfällt. Am meisten jedoch morgens und abends.

3. Welche Gebetsutensilien enthalten das Glaubensbekenntnis?

Die Tefillin und die Mesusa.

4. Was ist eine Kippa und warum bzw. wann wird sie von Juden getragen?

Die Kippa ist ein kleines verziertes Käppchen und wird beim Gebet und in der Moschee getragen. Die Juden tragen sie, um nicht unbedeckt vor dem Herrn zu stehen.

5. Was ist die Mesusa und warum bzw. bei welcher Gelegenheit wird sie von den Juden mit der Hand berührt oder geküsst?

Die Mesusa ist eine Kapsel, die an den Türpfosten befestigt wird. Sie beinhaltet Verse aus dem Schma' Israel. Beim Hinein- und Hinausgehen wird die Mesusa berührt oder geküsst, weil … ____________________

6. Wie heißt der Gebetsschal aus Wolle oder Seide und welche Bedeutung hat er?

Der Gebetsschal heißt Tallit. Er steht als Zeichen dafür, dass der Betende ganz von den lebenserhaltenden Geboten Gottes umhüllt sein möchte.

7. Was sind die Tefillin und welche Bedeutung steht dahinter?

Der Tefillin ist ein Gebetsriemen. Er wird aus Baumwolle angefertigt und hat an jedem Ende zwei Kapseln. Darin befindet sich das Glaubensbekenntnis auf Pergamentrollen. Der Riemen muss über den rechten Arm gegenüber dem Herzen und am Hals befestigt werden. Damit wollen die Juden ausdrücken, dass Geist und Gefühl, Verstand und Herz und das Handeln des Menschen im Dienst Gottes stehen.

Vaterunser (christliches Gebet)

Vater unser im Himmel
Geheiligt werde dein Name
Dein Reich komme
Dein Wille geschehe
wie im Himmel so auf Erden.
Unser tägliches Brot gib uns heute
und vergib uns unsere Schuld
wie auch wir vergeben
unseren Schuldigern.
Und führe uns nicht in Versuchung,
sondern erlöse uns von den Bösen,
denn dein ist das Reich und
die Kraft und die Herrlichkeit
in Ewigkeit
Amen.

Kaddisch (jüdisches Gebet)

Verherrlicht und geheiligt werde sein erhabener Name in der Welt, die ER nach seinem Ratschluss geschaffen hat. ER lasse Sein Reich kommen, sodass ihr alle mit dem ganzen Haus Israel in unseren Tagen, bald und in naher Zeit es erleben möget. Darauf sprechet: Amen.
Sein erhabener Name sei gepriesen immerdar in Ewigkeit.
Gepriesen und gelobt, verherrlicht und erhoben, verehrt und gerühmt, gefeiert und besungen werde der Name des Allmächtigen, gelobt sei ER, hoch über alles Lob und Lied und Preis und Trost, die in der Welt ihm dargebracht werden.
Darauf sprechet: Amen.
Des Friedens Fülle komme aus Himmelshöhen und Leben für uns und ganz Israel. Darauf sprechet: Amen.
Der Frieden stiftet in seinen Höhen, ER gebe Frieden uns, ganz Israel und allen Menschen. Darauf sprechet: Amen.

„Schmone Esre" (jüdisches Achtzehngebet)

Das „Schmone Esre" besteht aus 18 Bitten. Im Folgenden findest du einige davon:

Gepriesen seist du, Ewiger unser Gott und Gott unsrer Väter, Gott Abrahams, Gott Isaaks und Jakobs, großer [...] Gott. Gepriesen seist du, Ewiger, Schild Abrahams.

Du bist mächtig in Ewigkeit, Herr, die Toten belebst du, stark in Hilfe. Gepriesen seist du, Ewiger, der die Toten belebt.

Du bist heilig, dein Name ist heilig, und die Heiligen loben dich jeden Tag. Gepriesen seist du, Ewiger, heiliger Gott.

Bring uns zurück, unser Vater; zu deiner Lehre, und nähere uns, unser König, deinem Dienst. Und führe uns zurück in vollkommener Buße zu dir. Gepriesen seist du, Ewiger, dem die Buße gefällt.

Vergib uns, unser Vater, denn wir haben gesündigt, verzeih uns, unser König, denn wir haben uns verschuldet, denn vergebungsvoll bist du und verzeihst. Gepriesen seist du, Ewiger – Gnädiger, der so oft vergibt.

Sieh unsere Armut und streite unsern Streit und erlöse uns bald um deines Namens willen, denn ein starker Erlöser bist du. Gepriesen seist du, Ewiger, der Israel erlöst. [...]

Segne uns, Herr unser Gott, dieses Jahr und alle Arten seines Ertrags zum Guten, gib Segen auf die Erde und sättige uns mit deinem Gut, und segne unser Jahr wie die guten Jahre. Gepriesen seist du, Ewiger, der die Jahre segnet.

Wir danken dir, denn du bist der Herr, unser Gott und Gott unsrer Väter ewiglich. Fels unsres Lebens, Schild unsres Heils bist du von Zeitalter zu Zeitalter. [...]

O Gott, unser Heil und unsre Hilfe! Gepriesen seist du, Ewiger-Gütiger ist dein Name und dir gebührt Dank.

M 33 Der Talmud

Neben der Thora ist der Talmud die zweite wichtige Schrift im Judentum. Dieser ist aus der mündlichen Thora, auch „Mischna" genannt, hervorgegangen. Diese entstand, weil sich die Lebensbedingungen der Menschen immer wieder veränderten, sodass die Weisungen der Hebräischen Bibel an die jeweilige Zeit angepasst werden mussten. Aus diesem Grund erschlossen die Schriftgelehrten dem Volk die Bibel in Erzählungen und Anweisungen für das Leben. So entstand über die Jahrhunderte eine umfangreiche mündliche Überlieferung, die später in Form des Talmuds niedergeschrieben und ergänzt wurde.
Der Talmud besteht aus der **Halacha** und der **Haggada**. Während es sich bei der Halacha um einen gesetzlichen Teil mit Geboten, Verboten und verpflichtenden Vorschriften für das Leben eines Juden handelt, beinhaltet die Haggada Beispielerzählungen, die auf das rechte Tun und Verhalten hinweisen.

Oben siehst du, wie eine Seite aus dem Talmud aussieht. Sicher erkennst du sofort den eigenartigen Aufbau.
Am auffälligsten ist das Anfangswort des Mischna-Abschnittes, welches kunstvoll verziert ist. Darunter folgen die vollständige Mischna, die Wiederholung der Lehre und die Gemara. Bei der Gemara handelt es sich um eine Diskussion bzw. Erweiterung der Mischna. In der rechten Spalte befindet sich der Kommentar des Raschi. Dabei handelt es sich um ein Kurzwort für den bedeutenden jüdischen Gelehrten Rabbi Salomo ben Isaak (1040–1103), der die Bibel und den Talmud ausgelegt hat. Bei der linken Spalte handelt es sich um die so genannten Tosafot, eine Erweiterung und Erklärung des Raschi-Kommentars. Außerdem befinden sich zusätzliche Kommentare von berühmten Bibelauslegern um den Text.

M 34a Mögliche Bibelstellen

Vorschlag:

Wer eine Grube gräbt, fällt selbst hinein, wer einen Stein hochwälzt, auf den rollt er zurück.

Spr 26,27

Wenn du einen Lieblingsvers hast, kannst du auch diesen gestalten!

Andere Vorschläge: ____________________

____

Eine Talmudseite selbst gestalten

M 34b

Hinweis: Fülle die Kästchen folgendermaßen aus: 1 = Anfangswort des Spruchs, 2 = Restlicher Spruch, 3 = Wiedergabe in anderen Worten, 4 = deine Deutung des Spruches, 5 = Deutungen von Mitschülern

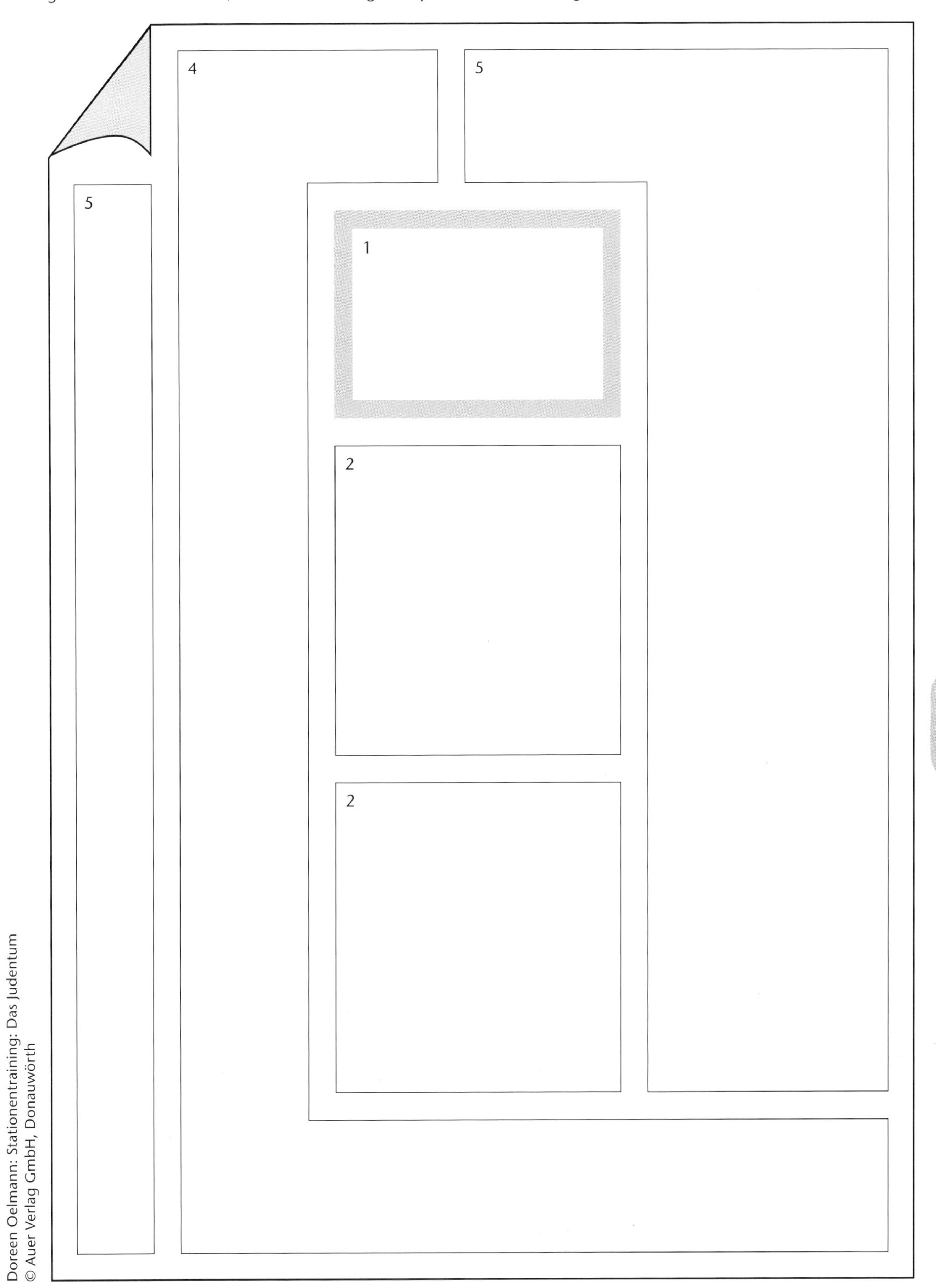

M 35a

Weisheiten aus dem Talmud (Auszüge)

(1) Wenn die Frau Schwierigkeiten bei der Niederkunft hat, zerschneide man den Fötus in ihrem Inneren und ziehe ihn Teil für Teil heraus, denn ihr Leben gilt mehr als seines. Wenn der größere Teil geboren ist, rühre/taste man ihn nicht, denn ein Leben darf nicht um des anderen willen beseitigt werden.

(2) Ein Nichtjude trat vor Rabbi Schammai und sprach: Mache mich zum Proselyten unter der Bedingung, dass du mich die ganze Thora lehrst, während ich auf einem Fuß stehe. Da schickte er ihn weg. Darauf ging der Mann zu Rabbi Hillel, und dieser machte ihn zum Proselyten. Er sprach: Was dir nicht lieb ist, das tue deinem Nächsten nicht. Das ist die ganze Thora, alles andere ist Erläuterung. Geh und lerne sie.

(3) Es heißt: Ein einziger Zeuge sage nicht aus gegen einen Menschen. Das begründet eine allgemeine Regel: Überall, wo es „Zeuge“ heißt, gilt die Regel von den zwei Zeugen, solange die Schrift nicht ausdrücklich sagt: einer. Eine Aussage zugunsten des Angeklagten aber steht ihm zu.

(4) „Leihst du einem aus meinem Volk […] Geld“ (Ex 22,24) besagt Pflicht und nicht Erlaubnis. Wenn ein Armer und ein Reicher vor dir stehen, um zu leihen, da geht der Arme vor; deine Armen und die Armen deiner Stadt, da gehen deine Armen vor; die Armen deiner Stadt und die Armen einer anderen Stadt, da gehen die Armen deiner Stadt vor; denn es heißt: „Dem Armen bei dir.“

(5) Weiter sagte Rabbi Jehuda: In einer zerstörten Synagoge hält man keine Totenklage, man dreht in ihr keine Seile, man spannt in ihr keine Netze aus, und man macht keine Abkürzung aus ihr, denn es heißt: „Und ihre Heiligkeit bleibt, auch wenn sie verödet sind. Sind Gräser in ihr gewachsen, so reiße man sie nicht aus, wegen der Betrübnis der Seele.“

(6) Unsere Meister lehrten: Hasse nicht deinen Bruder in deinem Herzen! Man könnte meinen, man soll ihn nur nicht schlagen, ihn nicht ohrfeigen, ihm nicht fluchen. Doch der Text sagt „in deinem Herzen“. Von einem Hass, der im Herzen ist, spricht die Schrift.

Was würde ein Rabbi sagen?

M 35b

Ihr probiert aus, wer den Füller eurer Mitschülerin am weitesten werfen kann. Dabei geht er kaputt. Der Geschädigten sagt ihr, das wäre nicht so schlimm, sie könne sich ja einen neuen Füller kaufen.
Ist dieses Verhalten aus jüdischer Sicht vertretbar oder nicht?

Ja, denn ____

____

____

Nein, denn ____

____

____

Auf dem Platz der ehemaligen Synagoge soll ein Kino gebaut werden.
Darf dieses Vorhaben aus jüdischer Sicht realisiert werden?

Ja, denn ____

____

____

Nein, denn ____

____

____

Ein jüdisches Mädchen ist schwanger und möchte abtreiben.
Ist dies aus jüdischer Sicht erlaubt?

Ja, denn ____

____

____

Nein, denn ____

____

____

M 36 Die Weltreligionen in Zahlen

Das Judentum ist die älteste monotheistische (d. h. einem einzigen Gotte, dem Schöpfer aller Dinge verpflichtete) Religion unter den Weltreligionen. Ihre Anfänge reichen bis ins 2. Jahrhundert v. Chr. zurück. Zugleich ist sie jedoch zahlenmäßig die kleinste. Mit rund 14 Millionen Anhängern stellt sie gerade 0,3 % der Weltbevölkerung dar, während das Christentum etwa 2 Milliarden, der Islam 1,2 Milliarden, der Hinduismus 760 Millionen und der Buddhismus etwa 360 Millionen Glaubensanhänger haben.

Ergänze das Kreisdiagramm zu den Weltreligionen mithilfe der oben stehenden Angaben!

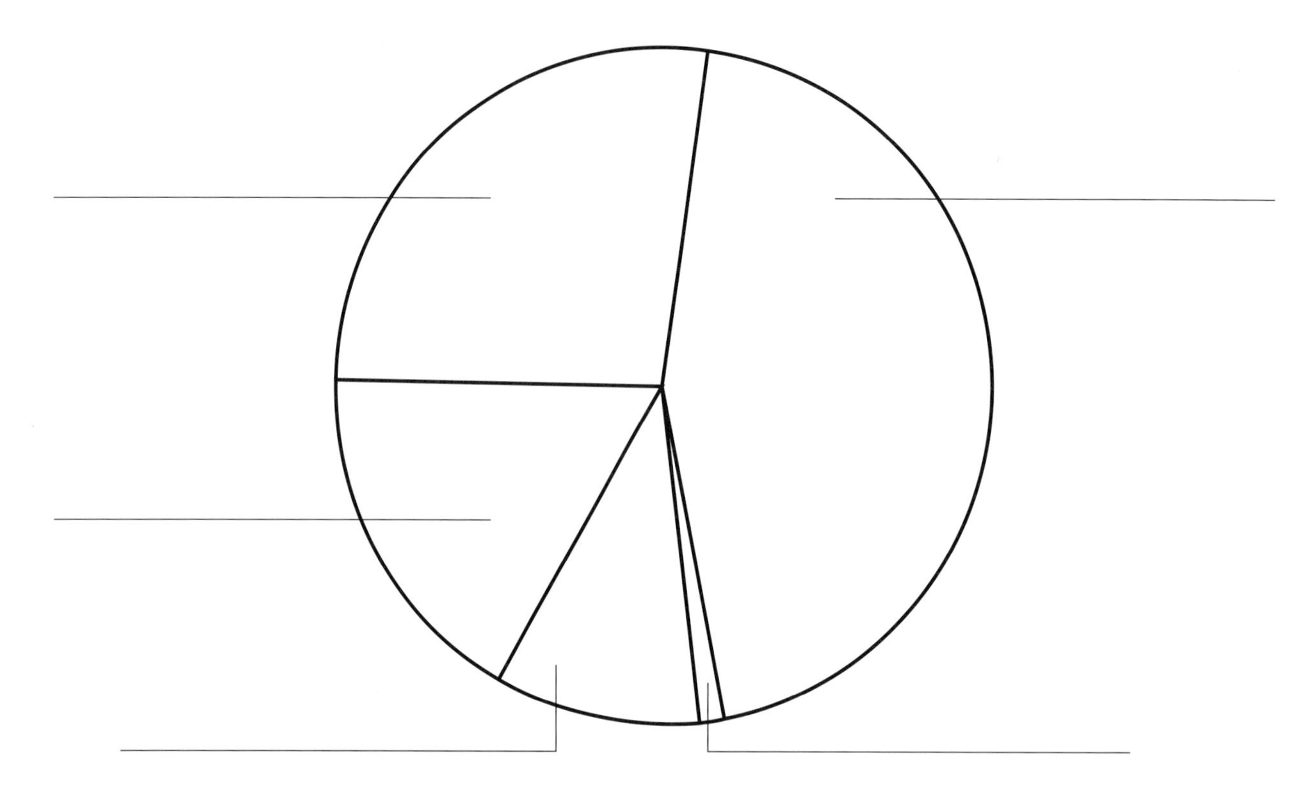

Das Judentum ist heute in 112 Ländern der Erde vertreten.

Versuche herauszufinden, in welchen Ländern bzw. Regionen wie viele Juden leben, indem du die Geheimschrift entzifferst und die Buchstaben wieder in die richtige Reihenfolge bringst.

aadeikmnorr (46 %) ____________________

aeilrs (38 %) ____________________

racefhiknr (4 %) ____________________

lacddehnstu (0,8 %) ____________________

Lediglich in einer der oben genannten Regionen ist das Judentum die Religion der Mehrheit. Überlege, welche das sein kann und warum! (Wenn du dir nicht sicher bist, schaue an der Servicestation nach, ob du nähere Informationen findest.)

____

____

Alphabet

M 37a

B ב	G ג	D ד	H ה	P; F am Wortende ף
V W ו	weiches S ז	TT ט	J י	
CH („ich“ am Wortende) ך	L ל	M am Wortende ם	M מ	
N נ	S stimmlos ס	CH wie in „ach“ ח	P F פ	
S scharf am Wortende ץ	S scharf צ	R ר	SCH ש	
T ת	CH wie in „ich“ כ	N am Wortende ן	K ק	

M 37b

Die hebräische Sprache

Hebräisch ist neben Arabisch Amtssprache Israels und weist folgende Besonderheiten auf:

- Man schreibt von rechts nach links.
- Es werden keine Vokale geschrieben.

So wird mein Name auf Hebräisch geschrieben:

M 38

Rätsel zur hebräischen Sprache

Im Folgenden findest du ein Bibelzitat, das nach den Regeln der hebräischen Sprache geschrieben wurde. Finde diese Regeln heraus!

.dr dn lmmH ttG fhcs gnfn m
.rl dn tsw rw dr d nd

Lösung: ______________________________

Folgende Regeln habe ich herausgefunden:

1. ______________________________

2. ______________________________

Platz für „Geheimbotschaft“:

____

____

Hebräische Sprache

Hebräisch für Anfänger

Hebräisch ist neben Arabisch die Amtssprache Israels. Sie weist folgende Besonderheiten auf:

- Man schreibt von rechts nach links.
- Es werden keine Vokale geschrieben.

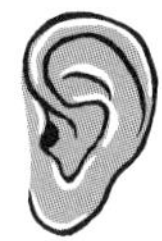

Auf der Kassette hörst du einige hebräische Wörter, denen eine Pause folgt. Du kannst sie üben, indem du dem Sprecher nachsprichst.

Die Wörter heißen der Reihe nach im Deutschen:

Hebräisch	
Guten Tag!	
Auf Wiedersehen!	
Ich heiße Eitan.	
danke	
ja	
nein	

Versuche, die Aussprache durch deutsche Buchstaben wiederzugeben und schreibe sie neben die Wörter.

Beispiel: Guten Tag! → schalom!

M 40

Memory Jerusalem

Die **Grabeskirche** wurde von Konstantin dem Großen im 4. Jh. errichtet. Man nannte sie „Kirche des Heiligen Grabes“, da sie über Golgatha, dem Ort, an dem Jesus gekreuzigt und begraben wurde, stehen soll. Bei Ausgrabungen hat man außerdem unter der Kirche einen Versammlungsraum der ersten Christen gefunden.

Die **Klagemauer** (49 m lang, 18 m hoch) ist der Überrest des jüdischen Tempels, der 70 n. Chr. von den Römern zerstört wurde. Aus Trauer nennt man sie „Klagemauer“. Für die Juden ist die Mauer die heiligste Stätte. Traditionell werden hier von den Gläubigen Gebete auf Papier geschrieben und zwischen den Steinen der Mauer deponiert.

Der **Ölberg** ist der älteste „Heilige Berg“ Jerusalems. Hier befinden sich viele Ölbaumgärten. Jesus war oft auf dem Ölberg, um zu beten. Hier fand auch die Himmelfahrt statt. Unterhalb des Friedhofs erstreckt sich das Tal von Jehosophat, wo nach jüdischer und muslimischer Vorstellung das Jüngste Gericht stattfinden soll.

Seit 3000 Jahren ist der **Tempelberg** das spirituelle Zentrum Jerusalems. Nach der Zerstörung des jüd. Tempels errichteten die Römer einen Jupitertempel, der von römischen Christen zerstört wurde. Nach der Eroberung Jerusalems 638 n. Chr. ist er die drittheiligste Stätte der Muslime, da nach muslimischer Vorstellung dort Mohammeds Himmelfahrt stattgefunden hat.

Die **Via Dolorosa** (lat. „Schmerzensweg“) windet sich durch die Altstadt Jerusalems und erinnert an den Leidensweg Jesu, als man ihn zur Kreuzigung führte. Die Straße führt vom Tempelplatz (Verurteilung Jesu) bis zum Hinrichtungsort (Grabeskirche).

Der **Felsendom** ist ein muslimisches Heiligtum, das den Heiligen Felsen enthält, von dem aus Mohammed in den Himmel aufstieg. Laut Legende versuchte ihm der Felsen zu folgen, wurde aber vom Erzengel Gabriel gehindert. Gläubige meinen heute noch, auf dem Felsen die Fußabdrücke Mohammeds und die Handabdrücke Gabriels zu sehen.

Die **Al-Aqsa-Moschee** wurde zu Beginn des 8. Jh. erbaut und ist das Zentrum des islamischen Glaubens in Jerusalem. Zur Zeit der Kreuzzüge wurde das Gebäude als christliche Kirche und als Hauptquartier genutzt. Erst nach der Rückeroberung Jerusalems im Jahr 1187 diente das Gebäude wieder als Moschee.

Die **St.-Anna-Kirche** wurde 1142 erbaut, weil man neben dem Bethesda-Teich die Wohnung von Joachim und Anna, den Eltern Marias, vermutete. Nach der Eroberung Jerusalems durch Muslime war die Kirche ab 1192 eine Koranschule. 1874 wurde die Kirche den Weißen Vätern übertragen.

Garten Getsemani

Getsemani ist ein Ort, in dem laut den Evangelien Jesus Christus in der Nacht vor seiner Kreuzigung betete, ehe er von Judas Ischariot verraten und von Abgesandten des Hohepriesters verhaftet wurde. Der Garten befindet sich am Fuß des Ölbergs in Jerusalem. Schon in biblischen Zeiten war der Garten mit Olivenbäumen bepflanzt und war bei den frühen Christen ein beliebtes Ziel.

Sephardische Synagogen

In der Mishmerot HaKehuma Street im jüdischen Viertel befinden sich die vier **sephardischen Synagogen**. Diese vier Synagogen wurden nacheinander und in unmittelbarer Nähe zueinander gebaut. Später wurden sie miteinander verbunden.

Muslimisches Viertel

Das **muslimische Viertel** ist das größte. Bis zu den Kreuzzügen war dieser Stadtteil von Juden bewohnt. Nach dem Massaker an der jüdischen Bevölkerung 1099 wurden diese aber von hier vertrieben. Charakteristisch sind enge Straßen, Märkte und Buden, an denen alle möglichen Waren verkauft werden, von Schafsköpfen bis zu T-Shirts.

Jerusalemer Altstadt

Die **Altstadt von Jerusalem** so wie sie heute ist, darf nicht mit der Stadt des König David oder mit dem Jerusalem zur Zeit Christi gleichgesetzt werden. Vielmehr gehen die heutigen Grenzen der Altstadt auf die Stadtmauer Süleymans des Prächtigen aus dem 16. Jahrhundert zurück.

Christliches Viertel

Das **christliche Viertel** ist deutlich kleiner als das muslimische Viertel. Seit dem 4. Jahrhundert war es hier zu einer verstärkten Ansiedlung von Christen gekommen, da man dem heiligen Grab möglichst nah sein wollte.

Jüdisches Viertel

Das **jüdische Viertel** wurde nach der Eroberung Jerusalems zerstört. 1267 begann der Aufbau einer neuen jüdischen Gemeinschaft. Während des Unabhängigkeitskrieges wurde das jüdische Viertel verlassen. Erst nach der Rückeroberung 1967 begann der Wiederaufbau. Heute ist das Viertel das reichste der Stadt.

Die Tore der Altstadtmauer

Die **Altstadtmauer** wurde 1532–1542 errichtet. Sie wurde mit einer Reihe prachtvoller **Tore** versehen. Im Norden waren dies das Damaskustor und das Herodestor, im Osten das Löwentor, im Süden das Mistor- und das Zionstor, und im Westen das Jaffator. 1887 wurde in der nordwestlichen Ecke auch noch das so genannte Neue Tor eingefügt.

M 41

Jerusalem, die Heilige Stadt

Notiere dir je zwei muslimische, christliche und jüdische Sehenswürdigkeiten und erläutere deren Bedeutung.

muslimische Sehenswürdigkeit	Bedeutung

christliche Sehenswürdigkeit	Bedeutung

jüdische Sehenswürdigkeit	Bedeutung

Überlege, warum Jerusalem für Juden, Muslime und Christen eine besondere Bedeutung hat.

___

___

___

___

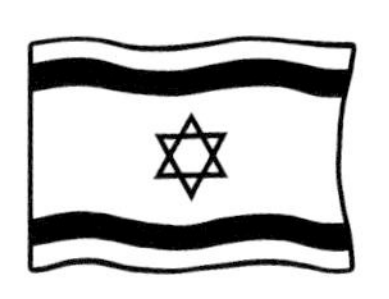

Israel bedeutet für mich …

M 42

Jüdische Schüler berichten über ihre ganz persönliche Beziehung zu Israel

Das Land Israel spielt in meinen Augen eine wichtige religiöse Rolle. Das Land hat eine reiche, sehr eng mit dem Judentum und dem jüdischen Volk verbundene Geschichte. Es ist das Land, in dem unsere Erzväter begraben sind, das Land, das uns von Gott versprochen wurde, das Land, in dem der Tempel stand und, so Gott will, wieder stehen wird.

Seit vielen Jahren ist es so, dass Juden überall in der Welt zerstreut sind und die Minderheit bilden. Sie wurden schlimmen Sachen ausgesetzt, verfolgt, waren teilweise gezwungen, ihre Religion aufzugeben und zu anderen Religionen überzutreten. Doch Israel ist das einzige Land für die freie Ausübung der jüdischen Religion. Hier und auch nur hier hat man die einzige Chance, die jüdische Religion so auszuüben, wie es von Gott gewollt ist. Dort ist man nicht allein; nur in Israel bilden die Juden die Mehrheit.

In Israel leben viele meiner Verwandten, deshalb nimmt mich das immer sehr mit, wenn in Israel Terrorattentate und Kriegsoperationen geschehen, oder wenn dieses Land ungerecht behandelt wird oder seine Meinung nicht geltend machen darf.

Die Existenz Israels gibt mir die Sicherheit für den morgigen Tag. Die Zugehörigkeit zur jüdischen Nation wurde mir schon im Alter von zehn Jahren klar. Ab der 4. Klasse haben meine Eltern mich in eine jüdische Schule geschickt, wo ich auch jüdischen Religionsunterricht erhielt und Hebräisch lernte.

Sehr viele Verwandte von mir, man kann sagen der größte Teil von ihnen, sind jetzt in Israel. Wir halten ständig Kontakt mithilfe von Briefen oder E-Mail. Sie schreiben uns sehr viel über ihre Probleme, und berichten uns oft über die schwierige Lage, in der sie sich jetzt befinden.

Man hat in Israel die Möglichkeit, die jüdische Religion richtig auszuüben.

Für mich ist es wichtig, dass es das „Gelobte Land" Israel gibt, wo alte Traditionen und die hebräische Sprache wiederbelebt wurden. Es ist das Land, in das ich immer ausreisen kann und mich wie zuhause sicher fühle. Meiner Meinung nach ist Israel ein Staat, wo sich aus politischen Gründen die Interessen der mächtigsten Staaten der Welt kreuzen und deshalb hat man bis heute noch keine gefahrlose Existenz erreicht.

Ich würde NIE in Israel leben wollen, aber Israel bedeutet viel für mich! Erstens ist es ein Ort, wo unsere Geschichte angefangen hat. Zweitens ist es der Ort, an dem meine Verwandten wohnen. Und drittens ist es ein Ort, an dem die Juden zurzeit stärker leiden als irgendwo anders auf der Welt.

Israel ist für mich, wahrscheinlich wie für viele Juden auf der ganzen Welt, eine mögliche Zufluchtsstätte. Für einen Menschen, der nie eine wirkliche Heimat hatte, ist Israel eben diese, zwar weit entfernte, Heimat. Irgendwo tief in meinem Bewusstsein weiß ich, wenn es nirgendwo auf der Welt einen Platz für Juden mehr geben wird, wird Israel für einen offen sein.

Ich liebe das Land Israel so, als ob ich dort geboren und aufgewachsen wäre. Ich freue mich, wenn in Israel Frieden herrscht und leide sehr darunter, wenn dort Gewalt an der Tagesordnung ist und viele Menschen dadurch ums Leben kommen. Es fällt mir schwer zu begreifen, dass Israel Feinde hat, die seinen Bewohnern drohen, die dieses Land hassen und immer noch Antisemitismus unter anderen Völkern verbreiten. Doch trotz aller dieser Umstände hat mein Volk ein eigenes Land: ISRAEL. Es spielt keine Rolle, wo die Juden leben, ob in Amerika, in Russland oder in Deutschland. Es ist viel wichtiger zu begreifen, dass wir alle dieselben Wurzeln und die gleiche Heimat haben. Das vereinigt uns und durch unsere innere Verbundenheit fühlen wir uns stark, egal wo wir sind.

Das Land Israel ist, meiner Meinung nach, ein Hoffnungsträger. Die Hoffnung gilt dem Frieden, der einmal in diesem Land herrschen soll und dem wiederum friedlichen Zusammenleben der dort lebenden Menschen.

Es ist das „Gelobte Land" und das „Land der Väter", in dem meine Religion ihren Ursprung hat und sich ein großer Teil der jüdischen Geschichte abgespielt hat. Somit ist es nicht verwunderlich, dass ich eine besondere Beziehung zu diesem Land habe.

Obwohl ich in Deutschland geboren und aufgewachsen bin, fühle ich mich doch zu Israel und nicht zu Deutschland hingezogen. Ich würde sagen, dass Israel meine emotionale Heimat ist.

M 43a

✂ -

M 43b

Erzählung: Arbeit bis ans Ende der Welt

Zu einem Juden, einem Gutsbesitzer, kam sein Neffe und legte ihm die dringliche Bitte vor:

„Lieber Onkel! Ich habe kein Auskommen! Vielleicht habt Ihr für mich einen Posten auf Euren Gütern?" Der Gutsbesitzer fragt seinen Neffen aus, welche Arbeit er ausführen könne. Es stellt sich heraus, dass der junge Mann gar nichts gelernt hat und zu nichts taugt. Er hört aber nicht auf zu bitten: „Teurer Onkel, ich bin ja dennoch eurer Schwester Sohn …" „Gut", sagt der Onkel. „Lass uns bis morgen warten. Vielleicht werde ich für dich etwas finden."

Am nächsten Morgen sagt der Grundbesitzer zu seinem Neffen:

„Ich habe für dich einen passenden Posten. Du weißt doch, dass der Messias auf einem weißen Pferd dahergeritten kommen wird. Du wirst dich also an der Grenze meiner Felder mit einer Trompete in der Hand hinstellen und wenn du von Weitem das weiße Pferd des Messias erblickst, bläst du auf der Trompete – dann werde ich schon wissen, dass man sich vorbereiten muss, um sich auf den Weg nach Israel zu machen …" „Ja, Onkel", sagt der junge Mann erfreut. „Das ist für mich der allerbeste Posten. Und was werdet Ihr mir Gehalt zahlen?" „Fünfzehn Gulden im Monat." „Onkel, kann man davon leben?" „Es ist schon wahr", sagt der Gutsbesitzer. „Fünfzehn Gulden ist nicht viel. Dafür aber ist es ein Posten für dich, für deine Kinder, für deine Enkelchen und Urenkelchen bis zum Ende der Welt …"

Spielanleitung Aktivity

M 44a

Für mindestens drei Spieler

Und so geht's:

- Mischt die Karten und legt diese mit dem Bild nach unten auf den Tisch.
- Ein Spieler zieht eine Karte.
- Auf der Karte befindet sich ein Begriff, den er je nach Symbol den anderen auf unterschiedliche Weise zum Erraten präsentieren soll.

 Der Begriff soll gemalt werden.

 Der Begriff soll erklärt werden.

 Der Begriff soll pantomimisch dargestellt werden.

- Wer den Begriff erraten hat, bekommt die Spielkarte und ist als Nächster dran.
- Gewonnen hat, wer am Ende die meisten Karten besitzt.

Viel Spaß beim Spielen!

 — — — — — — — — — — — — — — — — — — —

Spielanleitung Domino

M 44b

Für einen Spieler:

Suche zu jedem Stichwort die passende Erklärung und lege das Domino.

Für mehrere Spieler:

- Jeder Spieler bekommt 8 Karten.
- Eine Karte wird auf den Tisch gelegt.
- Die restlichen Karten werden als Stapel mit dem Bild nach unten auf den Tisch gelegt.
- Gespielt wird im Uhrzeigersinn.
- Wenn ein Spieler keine Karte anlegen kann, muss er eine Karte vom Stapel ziehen.
- Wer als Erster keine Karten mehr hat, ist der Sieger.

Viel Spaß beim Spielen!

M 45

Thorakrone	Synagoge	koscher	Thora
Chanukkia	Hebräisch	Kippa	Dreidel
Purimfest	Sabbat	Jerusalem	Bar Mizwa
Schma' Israel	Talmud	Bima	Beschneidung
Tefillin	Jad	Ein-/Ausheben der Thora	Trauerriten
Sukkot	Mesusa	Speisegebote	Widderhorn

Purim	Darin wird die Thorarolle in der Synagoge aufbewahrt.	**Sukkot**	Dürfen Juden am Sabbat nicht tun.
Schma' Israel	Erhalten Mädchen mit 12 Jahren.	**Thoraschrein**	Bedeutet „rituell essbar".
Sabbat	Neujahrstag	**Hochzeit**	Wird vor dem Tod gesprochen.
Taufe	Schmuck auf den Rollstäben der Thora	**Bat Mizwa**	Beginnt und endet mit Sonnenuntergang.
Rosch Ha Schana	Gibt es im Christentum anstelle der Beschneidung.	**Thoraglöckchen**	Zu diesem Fest werden Laubhütten gebaut.
Arbeiten	Darf von Juden nicht gegessen werden.	**Koscheres Essen**	Wird an Pessach gegessen.
Mazzot	Bei diesem Fest spielt die Thora eine große Rolle.	**Simchat Thora**	Ist reich bestickt und dient der Thora als Schutz.
Thoramantel	Jüdische Jungen werden mit 13 religionsmündig.	**Bar Mizwa**	Werden am Sabbat angezündet.
Gottesdienst	Zu diesem Fest bitten Juden ihre Mitmenschen um Verzeihung.	**Jom Kippur**	achtarmiger Leuchter
Chanukkia	Hilfsmittel, um die Thora beim Lesen nicht berühren zu müssen.	**Jad**	Dieses Fest findet 50 Tage nach Pessach statt.
Schawuot	Zeichen der königlichen Würde	**Pessach**	Lesepult in der Synagoge
Thorakrone	7-tägiges Fest, das an den Auszug aus Ägypten erinnert	**Bima**	Bezeichnung für die fünf Bücher Mose
Thora	Ritual, Bundeszeichen zwischen Gott und Mensch	**Beschneidung**	Wird auch als Tenach bezeichnet.
Hebräische Bibel	siebenarmiger Leuchter in der Synagoge	**Menora**	Dieses Fest dauert acht Tage und erinnert an das Lichtwunder.
Chanukka	Schild mit Segenssprüchen an der Thora	**Thoraschild**	An diesem Tag wird die Errettung der Juden durch Ester gefeiert.
Sabbatkerzen	Gebäude beinhaltet Bibliothek, Klassenzimmer, Gebetsraum, Jugendzentrum	**Synagoge**	Findet am Sabbatmorgen statt.

M 47

Suchrätsel

Judentum und Christentum* im Vergleich

S	Y	N	A	G	O	G	E	Q	A	Y	A	W	Z	S	X	E	D	G	C	R	W	F	V	S
I	U	Z	T	R	E	W	Q	P	L	O	S	I	E	K	M	J	U	E	Z	H	E	J	B	O
C	O	S	C	H	A	W	U	O	T	P	I	A	H	S	G	D	F	B	G	H	I	E	K	N
H	L	T	X	C	V	B	N	M	M	N	E	B	N	V	O	C	X	O	Y	A	H	S	D	N
A	G	R	J	S	K	L	P	O	I	U	N	Z	G	T	T	R	J	T	E	W	N	U	A	T
N	W	I	X	A	E	R	A	B	B	I	D	C	E	R	T	F	O	D	V	T	A	S	B	A
U	U	N	M	B	I	K	O	L	P	M	N	B	B	V	E	C	M	E	X	Y	C	C	S	G
K	D	I	F	B	G	H	J	K	L	Q	W	E	O	R	S	T	K	R	Z	U	H	H	O	P
K	A	T	S	A	D	F	G	J	A	H	X	E	T	G	S	H	I	N	H	J	T	R	L	Y
A	X	Ä	C	T	V	V	B	N	M	S	C	H	E	U	O	V	P	Ä	E	R	E	I	A	G
N	E	T	X	A	O	S	T	E	R	N	M	A	E	N	H	S	P	C	J	A	N	S	B	E
T	Q	T	E	R	T	Z	H	J	U	K	J	M	P	S	N	Y	U	H	E	C	H	T	L	O
S	I	M	C	H	A	T	T	H	O	R	A	E	G	I	E	P	R	S	R	U	E	U	P	U
N	G	S	J	T	G	K	L	I	D	R	A	R	P	U	R	I	M	T	U	B	E	S	F	D
S	H	T	K	O	X	S	U	L	D	O	L	I	O	T	T	E	R	E	S	I	E	G	I	E
W	K	I	R	C	H	E	I	N	N	M	D	K	J	U	D	E	N	N	A	I	E	D	N	A
K	T	I	K	D	K	L	E	R	E	H	R	A	J	G	E	D	E	L	L	J	U	I	G	G
C	H	R	I	S	T	I	H	I	M	M	E	L	F	A	H	R	T	I	E	T	R	E	S	D
F	E	R	V	B	H	S	C	H	R	D	E	R	K	O	R	T	F	E	M	F	O	D	T	B
H	F	R	S	G	J	T	F	U	M	S	U	K	K	O	T	F	H	B	R	F	P	M	E	F
P	E	S	S	A	C	H	W	S	R	T	J	L	O	P	U	T	U	E	A	W	A	G	N	B
G	F	W	E	R	T	Z	U	A	I	O	Z	H	L	H	M	G	R	T	F	E	S	D	F	J
M	G	I	S	R	A	E	L	U	T	C	H	R	I	S	T	E	N	E	R	T	M	N	B	G
U	N	T	E	I	L	B	A	R	E	E	I	N	H	E	I	T	Z	J	A	F	R	I	K	A
E	R	T	H	O	R	A	B	R	O	S	C	H	H	A	S	C	H	A	N	A	G	F	K	L

	Judentum	Christentum
Anhänger		
Gottesvorstellung		
Gebetshaus		
heilige Orte		
Mittelpunkt des Glaubens		
Auffassung über Jesus		
wichtige Feiertage		
Wochenfeiertag		
wichtige Gebote		
stark vertreten in …		

* katholisch und evangelisch

IV. Lösungen zu den Aufgaben

Pflichtstation 1: Synagoge

2) *Synagoge:* „Haus der Versammlung oder Begegnung, des Studiums und Gebets", Menora, Thoraschrein, Ewiges Licht (auch bei „Kirche"), Bima, Chanukkia, Frauenempore, Bibliothek, Küche, Büro, Klassenzimmer, Tauchbad, Gottesdienstraum, Gottesdienst, Gemeinschaftsräume, Jugendzentrum, soziales Zentrum, Ort zum Lernen

Kirche: „Das zum Herrn gehörende (Haus)", Altar, Orgel, Ewiges Licht (auch bei „Synagoge"), Altarkerzen, Kanzel, aufgeschlagene Bibel, Taufstein, Kirchturm, Kirchenschiffe, Sakristei, Gottesdienstraum, Gottesdienst, Gebetsraum/Andachtsraum

Pflichtstation 2: Sabbat

1a und **2a)**
1) *Freitag:* (1) Hausputz und Essen vorbereiten (2) Beginn: Sonnenuntergang (3) Anzünden der beiden Sabbatkerzen (4) Mutter spricht Lichtersegen (5) Synagogengottesdienst (6) Segnung von Wein und Brot (7) gemeinsames Singen während der Sabbatfeier

Samstag: (1) Thoralesung in der Synagoge (2) Vater liest in der Thora, Kinder spielen (3) Verabschiedung des Sabbats in einer kleinen Feier (4) Anzünden der Hawadala-Kerze (5) an duftenden Gewürzen riechen (6) Wein trinken (7) Sabbatkerzen werden mit restlichem Wein gelöscht (8) Ende: Sonnenuntergang

1b) *Sabbat:* Erinnerung an die Befreiung aus der Sklaverei, Sabbatmahl in der Familie, Thora im Mittelpunkt des Gottesdienstes, Zeichen des ewigen Bundes Gottes mit Israel, Gemeindegottesdienst in der Synagoge, siebter Tag der Woche

Sonntag: Zeichen des neuen Bundes in Jesus Christus, Abendmahl/Eucharistiefeier in der Kirche, Erinnerung an die Auferstehung Jesu, erster Tag der Woche, Gemeindegottesdienst in der Kirche, Evangelium im Mittelpunkt des Wortgottesdienst

Sonntags bei mir zu Hause: gemeinsames Frühstücken, Kirchgang, lange schlafen, Besuch von Verwandten, Familiennachmittag, mit Freunden treffen ...

Pflichtstation 3: Jüdische Jahresfeste

1)	Rosch Ha Schana	Jom Kippur	Purim	Chanukka
Festart	Neujahr	Versöhnungstag	Rettungsfest	Tempelweihfest/ Lichterfest
erinnert an	Umkehr, Einkehr, Besinnung	Sünden, Vergebung	Errettung der Juden durch Ester	Rettung des Tempels/ Lichtwunder
Symbol	Widderhorn	Widderhorn	Maske und Krone	Chanukkia und Dreidel
Riten/ Bräuche	Blasen des Schofars	um Verzeihung bitten, Tragen des Sterbehemdes, Fasten/Beten	Lesen der Esterrolle, Masken und Umzüge, Hamantaschen	Geschenke/Gebäck, Anzünden der Chanukkia, Dreidel spielen
Termin/ Dauer	1. und 2. Tag im Jahr (Tschiri/Oktober) 1. Gerichtstag 2. Gedenktag	10. Tag nach Rosch Ha-Schana	Adar (März)	Kislew (Dezember) 8 Tage

	Pessach	Simchat Thora	Schawuot	Sukkot
Festart	Befreiungsfest	Fest der Gesetzesfreude	Bundesschluss	Laubhüttenfest

	Pessach	Simchat Thora	Schawuot	Sukkot
erinnert an	Auszug aus Ägypten	Ende/Beginn der Thoralesung	10 Gebote am Sinai	Hütten zur Zeit der Wüstenwanderung
Symbol	Mazzot	Thorarolle	Gesetzestafeln	Laubhütte, Zweige und Zitrusfrucht
Riten/ Bräuche	Hausputz, Verstecken des ungesäuerten Brotes (Mazzot), Sederabend	Singen/Tanzen in Synagoge, Festumzug mit Thorarolle	10 Gebote im Mittelpunkt, Lesen der Rutgeschichte	Bauen und Bewohnen von Laubhütten, Feststrauß aus Myrten, Weiden, Palmenzweigen und Zitrusfrüchten
Termin/ Dauer	Nisan (April) 7 Tage	Tschiri (Oktober)	Siwan (Juni) 50 Tage nach Pessach	Tschiri (Oktober)/ 7 Tage

3) *Meerrettich* erinnert an die bittere Zeit und das Leid in Ägypten.
Salzwasser erinnert an die Tränen, die die Israeliten während der Unterdrückung in Ägypten vergossen.
Das *Fruchtmus* erinnert an den Lehm, aus dem die Israeliten in Ägypten Ziegel herstellen mussten.
Petersilie erinnert an die karge Sklavenmahlzeit in Ägypten.
Ein *gekochtes Ei* ist das Symbol für neues Leben, aber auch der Trauer.

5) *Pessach:* Nisan, Auszug, Ägypten, Mose, Knechtschaft, Pessach, Unterdrückung, Versklavung
Ostern: Sonntag, Auferstehung, Jesus Christus, Leben, Tod, Auferstehung, Schuld
Schawuot: Pessach, Rettung, Thora, Gabe der Thora, Thora, Heil
Pfingsten: Ostern, Tod, Jesu, Heiliger Geist, Gabe des Heiligen Geistes, Geist, Heil
Lösung: Feste haben eine große Bedeutung für die Gemeinschaft
Erklärung: Freude und Leid werden gemeinsam geteilt, Gemeinschaft wird gestärkt, man trifft sich, erinnern die Gemeinschaft an ihre gemeinsamen Wurzeln, verbinden

Pflichtstation 4: Jüdische Speisegebote

1) *koscher:* So bezeichnete Lebensmittel dürfen gegessen werden.
erlaubte Tiere: Wiederkäuer, Paarhufer, Fische mit Flossen und Schuppen
Schweinefleisch: Nein, weil das Schwein kein Wiederkäuer ist und nur zum Schlachten gezüchtet wird (Tierquälerei).
Begründung: 1. wissenschaftliche Rechtfertigung: gesunde und nahrhafte Tiere sind erlaubt
2. Tradition aufgrund des Gesetzes in der Thora

2) *Das muss ich beachten:*
- Fleisch von großen Landtieren, die Wiederkäuer sind und gespaltene Hufe haben, ist erlaubt (z. B. Hasen, Kamele, Dachse nicht erlaubt). Tiere, die nur eines der beiden Merkmale haben, sind ebenfalls verboten (z. B. Schwein).
- Erlaubt sind Fische, die Schuppen und Flossen haben, und Hausgeflügel (Raubvögel sind verboten).
- Verboten sind ebenfalls Kriech- und Krustentiere, Vögel und blutiges Fleisch, weil Blut das Symbol für Leben ist.
- Fleisch darf nicht zusammen mit Milch gegessen werden.

Zusatz: Auch im Christentum gibt es Speisevorschriften (Apg 15, 20). Diese sind jedoch von den meisten Christen aufgegeben worden. Einige (z. B. die Siebenten-Tags-Adventisten) halten die Speisevorschriften jedoch auch heute noch aufrecht. Lange Zeit galt noch das Verbot, freitags Fleisch zu essen bzw. das Gebot, an diesem Tag Fisch zu essen. Dies wurde praktiziert, um an den Karfreitag zu erinnern. Heute wird dies traditionell nur noch am Karfreitag getan.

Zwischen Aschermittwoch und Ostern fasten außerdem einige Christen als Erinnerung an die Kreuzigung. In dieser Zeit wird kein Alkohol getrunken, weniger gegessen und auf Fleischgerichte verzichtet. Früher wurde auch in der Adventszeit gefastet.

Pflichtstation 5: Thora

1a) *Gemeinsamkeiten:*
- Die Fünf Bücher Mose sind die ersten Bücher der Bibel.
- Alle Bücher der Hebräischen Bibel findet man auch im Alten Testament.

	Hebräische Bibel	**Altes Testament**
Aufbau	Thora (Mosebücher), Nebiim (Propheten), Ketubim (Schriften)	Fünf Bücher Mose, Geschichtsbücher, Lehrbücher, Propheten, Apokryphen
Zählung der Bücher	1./2. Samuel = ein Buch 1./2. Könige = ein Buch 1./2. Chronik = ein Buch 12 Propheten = ein Buch	zwei Bücher zwei Bücher zwei Bücher zwölf Bücher
Umfang	Bücher der Apokryphen nicht enthalten	

TeNaCH: Bei TeNaCh handelt es sich um die Abkürzung der Hauptteile der Hebräischen Bibel. Diese wird aus den Anfangsbuchstaben der hebräischen Bezeichnungen zusammengesetzt: Thora + Nebiim + Ketubim.

Zusatz: ..., weil es sich bei diesen Bezeichnungen um die Anfangswörter der Bücher handelt.

2a) Die Thora ist für das Judentum so bedeutsam, denn sie ...
- *ist der wichtigste Teil der Hebräischen Bibel:* enthält die grundlegende Offenbarung Gottes
- *bestimmt das gesamte Leben der Juden:* Gebote und Verbote, Anleitung für glückliches Leben, Feste (Simchat Thora)
- *ist der Mittelpunkt des Gottesdienstes:* Ausheben der Thorarolle (Singen, Gebete, Feier, Eine Lesung (7 Abschnitte aus der Thora mit Segenssprüchen, Einheben der Thora (wird nochmals allen gezeigt)

Die Bedeutsamkeit der Thora erkennt man auch an ihren besondere Verzierungen: Thoramantel (reich bestickt, als Schutz), Thorakrone (Zeichen der königlichen Würde), Thoraglöckchen (auf den Rollstäben, Schmuck), Thoraschild (mit Segenssprüchen), Jad (damit man die Thora nicht berühren muss)

2b) A: Geschenk, B: Hebräische Bibel, C: Gebote und Verbote, D: Weisung, E: Simchat Thora, F: Thorarolle, G: Thoraschrein, H: Mittelpunkt, I: Ausheben, J: Segenssprüche, K: Einheben
Lösung: Offenbarung Gottes

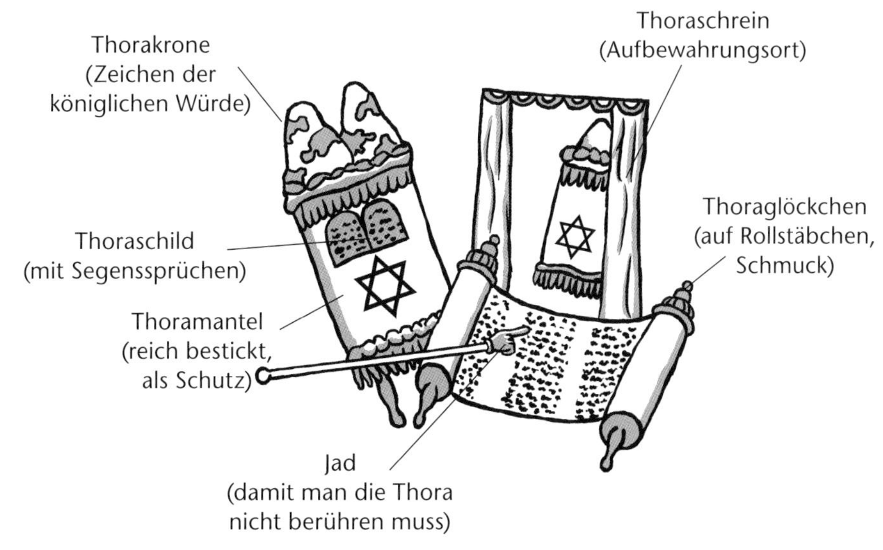

Pflichtstation 6: Jüdische Lebensfeste

1) *Beschneidung:* 1. Jungen im Alter von acht Tagen 2. biblischer Brauch, Zeichen des Bundes zwischen Gott und den Menschen 3. Jungen bekommen ihren Namen 4. Mädchen erhalten ihren Namen im Sabbatgottesdienst nach ihrer Geburt
Warum werden christliche Jungen nicht beschnitten? Für Christen ist v. a. der Glaube und die Annahme der Sündenvergebung wichtig. Die Apostel wollten Heiden, die zum Glauben an Jesus Christus gekommen waren, nicht erst zu Juden machen und verzichteten daher auf deren Beschneidung. Als Zeichen, dass das Kind zu Gott gehört, gibt es im Christentum stattdessen die Taufe.

Barz Mizwa/Bat Mizwa: 1. Jungen werden mit 13 Jahren religiös mündig, gehören nun zum Minjan 2. jüdisches Gesetz wird verpflichtend 3. Junge liest zum ersten Mal in der Synagoge aus der Thora 4. Mädchen werden an ihrem 12. Geburtstag Bat-Mizwa
Welche Unterschiede gibt es zwischen Bar Mizwa und Konfirmation? Jungen und Mädchen feiern gemeinsam Konfirmation, Konfirmanden sprechen das Glaubensbekenntnis, jüdische Jungen lesen aus der Thora vor

Hochzeit: 1. Trauung in der Synagoge von einem Rabbiner unter einer Chuppa (Brauthimmel aus Baldachin) 2. Eheversprechen in Anwesenheit von zwei Zeugen 3. Abschluss eines Ehevertrags (Ketuba) 4. Zertreten eines Glases als Erinnerung an den zerstörten Tempel

Tod und Beerdigung: 1. ständige Wache am Sterbebett 2. Sprechen des „Schma' Israel" vor dem Tod 3. Beerdigung im schlichten Holzsarg, innerhalb von 3 Tagen 4. 7-tägige Trauerzeit mit Trauerriten
Warum sind die Grabsteine nach Osten ausgerichtet? Weil sie in Richtung Jerusalem, die Heilige Stadt der Juden, zeigen.

2) *Wichtige Informationen zu den Lebensfesten eines Juden sind:*
Beschneidung
am achten Tag nach der Geburt des Jungen – Zeichen des Bundes mit Gott (Zeichen, dass Körper und Seele Gott gehören) – Mädchen bekommen, wie die Jungen am achten Tag nach der Geburt ihren Namen.
Warum werden christliche Jungen nicht beschnitten, obwohl Jesus auch Jude war?
Für Christen sind v. a. der Glaube und die Annahme der Sündenvergebung wichtig. Die Apostel wollten Heiden, die zum Glauben an Jesus Christus gekommen waren, nicht erst zu Juden machen und verzichteten daher auf deren Beschneidung. Als Zeichen, dass das Kind zu Gott gehört, gibt es im Christentum stattdessen die Taufe.

Bar Mizwa
Jungen lesen in der Synagoge zum ersten Mal aus der Thora – Gottesdienst nach dem 13. Geburtstag eines Jungen – Junge wird religiös mündig, wird als gleichwertiges Gemeindemitglied anerkannt (Rechte und Pflichten) – Familienfeier, bei der der Bar Mizwa einen Vortrag halten muss

Hochzeit
Hochzeit findet unter einer Chuppah (Brauthimmel) statt – Eltern sind Brautführer – Braut wird siebenmal um den Bräutigam geführt – Rabbi überreicht Brautpaar Wein und segnet sie – Braut bekommt einen Ring – Unterschreiben des Hochzeitskontrakts – Zertreten eines Glases und „Masel tov" (Glückwünsche)

Tod und Beerdigung
ständige Wache am Sterbebett – Sprechen des „Schma' Israel" vor dem Tod – Beerdigung im schlichten Holzsarg, innerhalb von drei Tagen – 7-tägige Trauerzeit mit Trauerriten

Wahlpflichtstation 1: Gebet

1a und c) *Schma' Israel – Höre Israel:* Glaubensbekenntnis der Juden, Text aus der Thora, enthält wichtigsten Glaubensgrundsatz: Existenz eines einzigen Gottes, drückt Zusammengehörigkeit von Gott und Juden aus, wird zweimal am Tag (morgens und abends) gebetet.

Mesusa – Kapsel an Türpfosten: Kapseln enthalten erste Verse des Schma' Israel auf Pergamentstück
Anwendung: Wird an Haustüren und Stadttoren befestigt, wird beim Hinein- bzw. Hinausgehen mit der Hand berührt oder geküsst.
Bedeutung: Erinnert an die Allgegenwart Gottes, durch die das Haus gesegnet wird.

Gebetskleidung:
Tefillin – Gebetsriemen: aus Leder angefertigte Gebetsriemen mit zwei Kapseln, Kapseln enthalten Pergamentrolle mit „Schma' Israel"
Anwendung: Riemen müssen über den linken Arm, gegenüber dem Herzen und über den Kopf angelegt werden (Weisung im „Schma' Israel), werden an Werktagen zum Morgengebet getragen (nicht am Sabbat oder Feiertagen)
Bedeutung: bringt zum Ausdruck, dass Geist und Gefühl, Verstand und Herz sowie das Handeln des Menschen in den Dienst Gottes zu nehmen sind.

Tallit – Gebetsschal: weißer Gebetsschal aus Wolle oder Seide mit Quasten an den Zipfeln
Bedeutung: Zeichen, dass Betender ganz von den Geboten Gottes, die das Leben erhalten, umhüllt sein will.

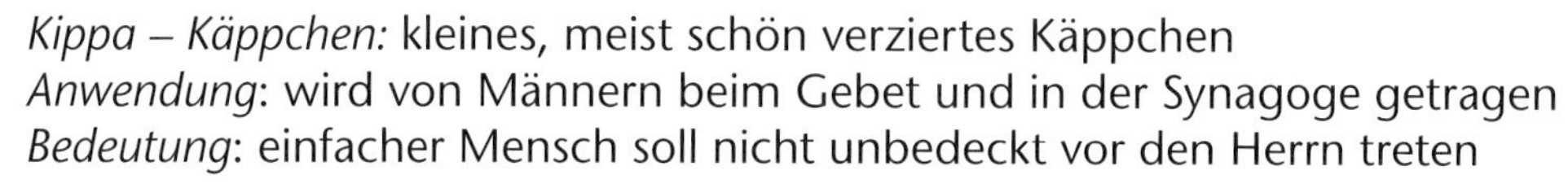

Kippa – Käppchen: kleines, meist schön verziertes Käppchen
Anwendung: wird von Männern beim Gebet und in der Synagoge getragen
Bedeutung: einfacher Mensch soll nicht unbedeckt vor den Herrn treten

1b) 1. falsch: „viele Götter" – richtig: „einen Gott"
2. falsch: „Die Juden beten es zu jeder Tageszeit, wenn es ihnen einfällt." – richtig: „zweimal am Tag"
4. falsch: „Moschee" – richtig: „Synagoge"
5. es fehlt: „sie an die Allgegenwart Gottes, durch die das Haus gesegnet wird, erinnert."
7. falsch: „Baumwolle" – richtig: „Leder", falsch: „rechten" – richtig: „linken", falsch: „am Hals befestigt" – richtig: „über den Kopf angelegt"

2a, b)	Vaterunser	Kaddisch	Schmone Esre
Gemeinsames	Vater unser im Himmel. Geheiligt werde dein Name. Dein Reich komme. ... Herrlichkeit in Ewigkeit. Amen.	geheiligt werde sein erhabener Name ER lasse Sein Reich kommen, Amen. immerdar in Ewigkeit.	... unsrer Väter ... Du bist mächtig in Ewigkeit dein Name ist heilig ...
Ähnliches	wie im Himmel so auf Erden. Unser tägliches Brot gib uns heute und vergib uns unsere Schuld Und führe uns nicht in Versuchung, sondern erlöse uns von den Bösen, denn dein ist das Reich und die Kraft ...	in unseren Tagen, bald und in naher Zeit	Und führe uns zurück in vollkommener Buße zu dir. Vergib uns, unser Vater, denn wir haben gesündigt, verzeih uns, unser König, denn wir haben uns verschuldet, denn vergebungsvoll bist du und verzeihst. Sieh unsere Armut und streite unsern Streit und erlöse uns ... ... sättige uns mit deinem Gut ... ... denn du bist der Herr unser Gott und Gott unsrer Väter ewiglich. Fels unsres Lebens, Schild unsres Heils bist du von Zeitalter zu Zeitalter.

2b) Das Kaddisch bzw. das Schmone Esre weisen viele Gemeinsamkeiten bzw. Ähnlichkeiten mit dem Vaterunser auf. Da Jesu eigentlich Jude war, ist auch das Vaterunser jüdisch geprägt. Somit verbindet das Gebet Jesu das Christentum mit dem Judentum.

Wahlpflichtstation 2: Talmud

1) *Entstehung/Grund:* Entstand über viele Jahrhunderte, Verschriftlichung der Mischna (mündliche Auslegungen der Tora), Weisungen der Tora mussten an die jeweiligen Lebensumstände der Menschen angepasst werden.
Bedeutung: Zweitwichtigste jüdische Schrift nach der Thora
Inhalt: Halacha (Gebote, Verbote, Vorschriften für das Leben), Haggada (Beispielerzählungen für richtiges Handeln)

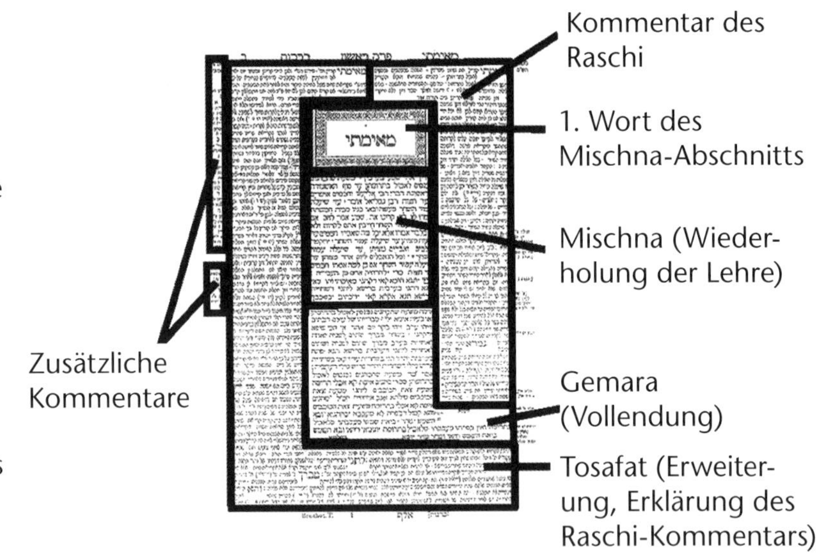

2a) Individuelle Lösungen.

2b) *Füller der Mitschülerin:* Nein, denn im Talmud heißt es: „Was dir nicht lieb ist, das tue deinem Nächsten nicht. Das ist die ganze Thora."
Kino auf Synagogengrundstück: Nein, weil im Talmud steht, dass auch eine zerstörte Synagoge noch ein Heiligtum ist.
Abtreibung: Ja, wenn das Leben des Mädchens auf dem Spiel steht.
Nein, wenn keine Gefahr besteht. Denn es heißt: „Ein Leben darf nicht um der anderen Willen beseitigt werden."

Wahlpflichtstation 3: Ausbreitung des Judentums

2) Nordamerika, Israel, Frankreich, Deutschland
Israel ist heute der jüdische Staat in der historischen Heimat der jüdischen Religion.

Wahlpflichtstation 4: Hebräische Sprache

2) Am Anfang schuf Gott Himmel und Erde. Und die Erde war wüst und leer.
Regeln: Folgende Regeln habe ich herausgefunden:
1. Hebräisch wird von rechts nach links geschrieben
2. Es werden keine Vokale geschrieben

3) Hebräisch – *ivrit*, Guten Tag! – *schalom*, Auf Wiedersehen! – *l(e)hitra'o*, Ich heiße Eitan. – *Schmie Eitan*, danke – *toda*, ja – *ken*, nein – *lo*

Wahlpflichtstation 5: Jerusalem

1) *Grabeskirche:* christliches Heiligtum, steht der Legende nach auf Golgatha, wo Christus gekreuzigt wurde
Ölberg: Überblick über heilige Stätten (Juden, Christen, Muslime), Friedhöfe, Platz des Jüngsten Gerichts (Juden)
Felsendom: muslimisches Heiligtum (Heiliger Felsen, von dem aus Mohammed in den Himmel aufgestiegen sein soll), Platz der ersten jüdischen Tempel

Davidstadt: Bezeichnung des alten Jerusalems, um an David und seine Herrschaft in Israel zu erinnern
Klagemauer: Überrest des jüdischen Tempels, heiliger Platz der Juden, Freiluftsynagoge

2) Für Juden, Muslime und Christen ist Jerusalem eine Heilige Stadt, weil die Stadt in der Geschichte aller drei Religionen eine wichtige Rolle spielt. So finden sich in dieser Stadt sowohl heilige Orte und Gedenkstätten der Juden, Muslime und Christen.

3) *Bedeutung von Israel für die Jugendlichen:* Heimat und Vaterland, Heilige Orte und religiöse Stätte, von Gott verheißenes Land, Rückhalt und Sicherheit, Zufluchtsort, Verbundenheit aller Juden, Traditionen, Religion frei ausübbar (keine Minderheit), zur Zeit sehr viel Leid, Krieg, mit der Geschichte des Judentums verbunden, Hoffnungsträger, Verwandte leben dort

Wahlpflichtstation 6: Juden und Christen

1) Das Bild zeigt einen Baum. Durch die Wurzeln bekommt dieser Halt und Nahrung. Nur durch diese kann er wachsen. Dies kann man ebenfalls mit den Beispielen Haus – Fundament, Quelle – Fluss, Mutter – Kind vergleichen. Fundament, Quelle und Mutter sind die Wurzeln, währenddessen Haus, Fluss und Kinder der Stamm bzw. die Blätter sind, die nur durch ihre „Wurzeln" leben können.

2) Paulus vergleicht Juden und Christen mit den Wurzeln und jungen Zweigen eines Baumes. Das Judentum ist die Wurzel des Christentums, das aus dem Judentum entstanden ist. So haben Christen und Juden z. B. eine gemeinsame Schrift, da die Hebräische Bibel dem Alten Testament entspricht.

3) In der Erzählung wird die Messiaserwartung der Juden deutlich. So glauben die Juden nicht, dass Jesus Christus der Messias ist. Sie sind jedoch gewiss, dass der Messias irgendwann einmal kommen wird, auch wenn das noch in ferner Zukunft liegt.

Unterschiede zwischen Judentum und Christentum:

	Judentum	**Christentum**
Anhänger	Juden	Christen
Gottesvorstellung	unteilbare Einheit	Trinität
Gebetshaus	Synagoge	Kirche
heilige Orte	Jerusalem	Jerusalem, Rom
Mittelpunkt des Glaubens	Thora	Jesus Christus
Auffassung über Jesus	Rabbi	Gottessohn
wichtige Feiertage	Pessach, Chanukka, Sukkot, Purim, Simchat Thora, Jom Kipur, Rosch Ha-Schana, Schawuot	Weihnachten, Ostern, Pfingsten, Christi Himmelfahrt
Wochenfeiertag	Sabbat	Sonntag
wichtige Gebote	Nächstenliebe (3. Mose) Zehn Gebote	Gebot der Nächstenliebe, Zehn Gebote
stark vertreten in ...	Israel, USA	Europa, Amerika, Afrika, Asien

V. Quellenverzeichnis

Grundlegende Literatur zum Judentum zur Erstellung der Texte:

Microsoft® Encarta® Enzyklopädie Professional 2005. © 1993–2004 Microsoft Corporation.
Wikipedia. http://wikipedia.org
Navé Levinson, Pnina: Einblicke in das Judentum. Paderborn: Bonifatius, 1991.
Baumann, Arnulf H. (Hrsg.): Was jeder vom Judentum wissen muß. Gütersloh: Gütersloher Verlagshaus Gerd Mohn, 1983.
Zuidema, Willem: Gottes Partner- Begegnungen mit dem Judentum. Aus d. Niederländ. übers. von Wolfgang Bunte. Neukirchen-Vluyn: Neukirchener Verlag, 1983.

M 1 Modifizierung des von Grunder und Bohl dargestellten Musters aus: Neue Formen der Leistungsbeurteilung in der Sekundarstufe I und II. Hrsg. von Hans-Ulrich Grunder und Thorsten Bohl. Baltmannsweiler: Schneider-Verlag Hohengehren, 2001, S. 132.

M 2 Modifizierung des von Bohl dargestellten Musters aus: Bohl, Thorsten: Prüfen und Bewerten im Offenen Unterricht. Neuwied; Kriftel: Luchterhand, 2001, S. 104.

M 4 Angelehnt an den Arbeitsplan von „Wie du deine Arbeit organisierst" aus: Rupp-Holmes, Friederun: Lernstraße Islam. 15 Stationen für den Unterricht in der Sekundarstufe I. Stuttgart: Calwer Verlag, 2004, S. 22.

M 9a Synagoge Leipzig: http://commons.wikimedia.org/wiki/Image: Synagoge_Leipzig-Keilstr_copy.jpg
Berlin: http://upload.wikimedia.org/wikipedia/commons/6/62/Berlin_Synagoge_Rykestrasse_Hauptschiff.JPG

M 9b Orthodoxe Synagoge Berlin: http://commons.wikimedia.org/wiki/Image:Orthodoxs_Synagoge_Fraenkelufer.jpg
Synagoge Mannheim: http://commons.wikimedia.org/wiki/Image:Mannheim-Synagoge.jpg
Synagoge Dresden: http://upload.wikimedia.org/wikipedia/commons/9/96/Dresden_synagoge_01.jpg
Synagoge Köln: http://upload.wikimedia.org/wikipedia/commons/1/10/Koeln_synagoge_pano.jpg

M 11a Gottesdienst: http://upload.wikimedia.org/wikipedia/commons/f/f8/ReformJewish-Service.jpg
Challahs: http://upload.wikimedia.org/wikipedia/commons/4/45/Strucla_sweet_bread02.jpg

M 13 Brief bzw. Inhalt der Ereignisfelder in Anlehnung an den Brief aus: Kursbuch Religion Elementar 7/8. Hrsg. von Wolfram Eilerts und Heinz Günter Kübler. Stuttgart: Calwer Verlag/Braunschweig: Westermann Schroedel Diesterweg, 2004, S. 175.

M 15a Purim: http://de.wikipedia.org/wiki/Bild:Jerusalem_feiert_Purim.jpg

M 15b Pessach: http://upload.wikimedia.org/wikipedia/commons/5/50/Pessach_Pesach_Pascha_Judentum_Ungesaeuert_Seder_datafox.jpg

M 15c Chanukka: http://upload.wikimedia.org/wikipedia/commons/4/41/Chanuka01.jpg

M 15d Sukkot: http://upload.wikimedia.org/wikipedia/commons/a/a8/He_wiki_sucot.jpg

M 15e Schawuot: http://upload.wikimedia.org/wikipedia/de/2/2b/Rahlwes_10_Gebote.jpg

M 15g Simchat Thora: http://upload.wikimedia.org/wikipedia/commons/8/83/Torah_and_jad.jpg

M 17a Spielanleitung nach Informationen aus: Grundkurs Judentum: Materialien und Kopiervorlagen für Schule und Gemeinde. Hrsg. von Roland Gradwohl. Stuttgart: Calwer Verlag, 1998.
Dreidel: http://upload.wikimedia.org/wikipedia/commons/7/73/Dreidel_001.jpg

M 18b Sederteller: http://upload.wikimedia.org/wikipedia/commons/6/6b/Der_Sederteller_fuer_den_Pessachauftakt.jpg

M 19a Text in Anlehnung an: Fink, Marion: „Was habt ihr da für einen Brauch?". Hessen Nassau: Evangelischer Presseverlag.

M 20a Hörszene: Am Dienstag sah der Rabbi rot, Der Audio Verlag, 2004.

M 27b Beschneidung: http://upload.wikimedia.org/wikipedia/commons/4/4e/Nimrod_ST_07.JPG
Tewila: http://commons.wikimedia.org/wiki/Image:Judenbad_Speyer_6_View_from_the_first_room_down.jpg
Jüdische Hochzeit: http://commons.wikimedia.org/wiki/Image:Jewish_wedding_Vienna_Jan_2007_006.jpg
Jüdischer Friedhof: http://de.wikipedia.org/wiki/Bild:JuedischerFriedhofHLMoislingneue-Graeber.jpg

M 29a Nach Konrad, Johann Friedrich: Die Beschneidung. In: Tworuschka, Monika und Udo (Hrsg.): Vorlesebuch fremde Religionen, Band 1. Judentum – Islam. Düsseldorf: Patmos-Verlag, 1993, S. 112f.

M 29b Nach Richter, Hans Peter: Barmizwa (Auszug). In: Vorlesebuch fremde Religionen, Hrsg. Von Tworuschka, Monika und Udo. Band 1. Judentum – Islam. Düsseldorf: Patmos-Verlag, 1993, S. 114–117.

M 29c Nach Tworuschka, Monika und Udo: Vorlesebuch fremde Religionen, Band 1. Judentum – Islam. Düsseldorf: Patmos-Verlag, 1993, S. 118–125.

M 30 Mesusa: http://commons.wikimedia.org/wiki/Image:Jaffa_Gate_Jerusalem_10.JPG
Kippa: http://upload.wikimedia.org/wikipedia/commons/0/0d/Kippa_judentum.JPG
Tallit: http://commons.wikimedia.org/wiki/Image:Kotel_tallitot_mens.jpg
Teffilin: http://commons.wikimedia.org/wiki/Image:Tefilin-Yad.jpg

M 33 Talmudseite: http://de.wikipedia.org/w/index.php?title=Bild: TalmudBerachoth.jpg&filetimestamp=20060512152624

M 36 Prozentzahlen nach Angaben von http://de.wikipedia.org/wiki/Judentum [Stand 28.06.2008]

M 40 Grabeskirche: http://upload.wikimedia.org/wikipedia/de/b/bd/Grabeskirche_Jerusalem.jpg
Klagemauer: http://upload.wikimedia.org/wikipedia/commons/8/8e/Israel_Western_Wall.jpg
Ölberg: http://de.wikipedia.org/wiki/Bild:JERUSALEM_Mount_of_Olives_Cemetery.JPG
Tempelberg: http://commons.wikimedia.org/wiki/Image:Temple_mount.JPG
Via dolorosa: http://upload.wikimedia.org/wikipedia/commons/7/7d/DSCN0840.JPG
Felsendom: http://de.wikipedia.org/wiki/Bild:Felsendom_mit_Olivenbaum.JPG
Al-Aqsa-Moschee: http://upload.wikimedia.org/wikipedia/commons/9/96/Al_aqsa_moschee_2.jpg
St.-Anna-Kirche: http://upload.wikimedia.org/wikipedia/commons/e/ed/St_Anna_Ecclesia_Jerusalem1.jpg
Garten Getsemani: http://de.wikipedia.org/wiki/Bild:Gethsemane.jpg
Sephardische Synagogen: http://de.wikipedia.org/wiki/Bild:Istanbuli-Synagoge.jpg
Muslimisches Viertel: http://commons.wikimedia.org/wiki/Image:OldCityJerusalem02_ST_06.JPG
Jerusalemer Altstadt: http://upload.wikimedia.org/wikipedia/commons/3/30/Jerusalem2.jpg
Christliches Viertel: http://commons.wikimedia.org/wiki/Image:Israel-Jerusalem_Old_City.jpg
Jüdisches Viertel: http://commons.wikimedia.org/wiki/Image:Jewish-quarter-of-jerusalem01.jpg
Tore der Altstadtmauer: http://upload.wikimedia.org/wikipedia/commons/f/f8/Zion_Gate.JPG

M 42 Ausgewählte Schüleraussagen (teilweise gekürzt) nach http://www.hagalil.com/kinder/kidz/wissen/israel.html [Stand 10.01.2006].

M 43b Nach Landmann, Salcia: Arbeit bis ans Ende der Welt. In: Tworuschka, Monika und Udo (Hrsg.): Vorlesebuch fremde Religionen, Band 1. Judentum – Islam. Düsseldorf: Patmos-Verlag, 1993, S. 45.

Praxiserprobt und topaktuell: Materialien von Auer!

So macht Religionsunterricht Spaß!

Anette Töniges-Harms

Kriminalfälle in der Bibel
Material- und Aufgabensammlung für die Sekundarstufe I

Die Bibel ist voll von spannenden Kriminalfällen, die Kinder und Jugendliche fesseln und sie zu Detektiven werden lassen. Ob Menschenhandel, Landraub, Mord... – alle Arten von Verbrechen, die auch heute noch in unseren Zeitungen Schlagzeilen machen, sind zu finden. Schicken Sie Ihre jungen Kriminalistinnen und Kriminalisten auf Spurensuche und lassen Sie sie mithilfe von abwechslungsreichen Kopiervorlagen, Aufgaben und Interviews selbsttätig den Fall klären.

108 S., DIN A4, kart.
▸ Best.-Nr. **4562**

Doris Schulte

Singen und spielen im Religionsunterricht
3 Singspiele für die Klassen 3–6
Mit Audio-CD

Der Band regt Kinder von 8 bis 12 Jahren zu verantwortungsvollem Handeln an. Alle Spiele können Sie als Theaterstücke, als Lese- und Singspiele oder auch als Puppenspiele inszenieren. Das Buch enthält dazu die gesamten Anweisungen für die Bühnenbilder, die einzelnen Rollen sowie die komplette Notation der 13 Lieder, Vor- und Zwischenspiele. Alle Lieder, von Kindern gesungen sowie als Halb-Playback, finden Sie auf der Audio-CD.

88 S., DIN A4, kart., mit Audio-CD
▸ Best.-Nr. **4225**

Brigitte E. Kochenburger

„Frag mich was in Religion!“
Quizspiele für den Religionsunterricht in den Klassen 1–6 und die pastorale Jugendarbeit

Mithilfe dieses Bandes können in mehr als 50 Spielvariationen zahlreiche Themen aus den Bereichen Altes und Neues Testament, Kirche, Klosterleben, Feste im Kirchenjahr, Heilige sowie aus den großen Weltreligionen Judentum, Islam, Hinduismus und Buddhismus auf spielerische und spannende Weise erarbeitet werden. Alle Spiele sind zum Sofortstart geeignet.

144 S., DIN A4, kart.
▸ Best.-Nr. **3593**

Auer **BESTELLCOUPON** 

Ja, bitte senden Sie mir/uns mit Rechnung:

Anette Töniges-Harms
_____ Expl. **Kriminalfälle in der Bibel** Best.-Nr. **4562**

Doris Schulte
_____ Expl. **Singen und spielen im Religionsunterricht** Best.-Nr. **4225**

Brigitte E. Kochenburger
_____ Expl. **„Frag mich was in Religion!“** Best.-Nr. **3593**

Bequem bestellen direkt bei uns!
Telefon: 01 80 / 5 34 36 17
Fax: 09 06 / 7 31 78
E-Mail: info@auer-verlag.de
Internet: www.auer-verlag.de

Bitte kopieren und einsenden/faxen an:

Auer Versandbuchhandlung
Postfach 1152
86601 Donauwörth

Meine Anschrift lautet:

Name/Vorname

Straße

PLZ/Ort

E-Mail

Datum/Unterschrift